THIS IS
DAY ONE
零起点领导力

要成为领导者，应该从何做起？

[加] 德鲁·达德利（Drew Dudley）◎著　　　许佳◎译

湖南文艺出版社
HUNAN LITERATURE AND ART PUBLISHING HOUSE

博集天卷
CS-BOOKY

献给阿纳斯塔西娅

正是你
使我想为自己塑造更好的生活
为生活塑造更好的自我

各方赞誉

"这不是一本讲理论的书，是一本操作手册。你早就知道领导力很重要。现在要知道的是，怎么做到它。"

——尼尔·帕斯理查

畅销书《敬畏之书》作者

"对于怎样做到全身心地投入生活和发挥领导力，这本书提供了极富个人性和启发性的指导。针对如何活出精彩的人生，德鲁·达德利给出了可行而又深刻的建议。深情的勇气和诚实不仅能让你过上有意义的生活，也能让你领导他人，激励他人。"

——安妮·辛普森

多伦多大学工程领域领导力研究所所长助理

"虽然从事健身行业已有 30 年，但我在个人领导力方面还是个新手。不过德鲁·达德利在《零起点领导力》中给了我很好的启发。无论你是经营公司还是经营家庭，又或者是经营自己的健康，你都必须领导好自己，否则就不要妄想领导

|||||||||||||||||||

别人。好好读读这本关于你的第一天的书吧，开始打造一个更美好的人生。"

——查克·鲁尼昂

健身品牌（Anytime Fitness & Waxing the City）CEO

"德鲁有一种特殊本领，他可以使每个人都具备领导力。他的文字会激发你的内在力量和价值，让你在日常时刻也能充满能量，驾驭你的生活和工作。贯穿全书的那些关于领导力的小故事和充满洞察力的教导，都使得阅读本书成为一种愉悦。在任何一门关于个人的、教育的或者组织的领导力课程中，这本书都是一个完美的补充。"

——艾米·巴恩斯博士

俄亥俄州立大学教育和人类生态学学院，高等教育和学生事务高级讲师

"《零起点领导力》聚焦于我们每个人身上的领导能力。它提醒我们，无论现在还是未来，要成长为一位领导者，每一次互动、每一次成功乃至每一天都至关重要。德鲁·达德利提供的成为领导者的必要步骤并非特定精英人群才能做到，而是让当今时代每个人都能具有领导者才有的影响力！对那些试图找到一种可以激发希望、带来变化的领导方式的人来说，这是一本必读的书。"

——马修·奥尔森博士

北佛罗里达大学泰勒领导力研究所

"你的领导力之旅始于本书。德鲁·达德利给出的是真实的故事和具体的思想模型，实用、有启发、未经雕饰，对每个人来说都具有价值。《零起点领导力》将重塑你对领导力的思考，给你提供基本的方法去感受和行动，在今天和以后的每一天，成为一个更好的领导者。"

——萨蒂什·坎瓦尔

Shopify 电子商务公司产品副总裁

"《零起点领导力》适用于每个想提高自己领导能力的人。达德利非常善于用讲故事的方式带着读者穿行于书中，在这一过程中所获得的东西也正是我希望我的学生们在一学期的学习之后所能学到的东西：如何成为一个深思熟虑的领导力的践行者。我明白为什么达德利会把领导力（过程）和领导者（个人）加以区分，因为如果我们仅仅关注的是后者，我们就忘了领导力中最重要的部分：领导过程是会涉及其他人的。达德利始终在思考他对别人产生的影响，我期待这本书能够鼓励大家也这么思考。"

——塔拉·维德纳–埃德伯格博士

爱荷华州立大学领导力研究高级讲师

"《零起点领导力》当中的故事表明，领导能力是在日常生活中践行的。它和出类拔萃的成就或者令人望而生畏的职位头衔无关，而是在日常生活中持续不断地坚持我们所信仰的东西。为了我们接下来的生活，我们需要选择在日常生活中，在每一天，都成为一个领导者。德鲁·达德利自己的故事就充分展示出，日复一日，这样一种选择所发挥的影响……《零起点领导力》能够使你变得遵循原则、坚持不懈，使你对自己所能取得的成绩感到惊讶。"

——沃伊切赫·格里茨

树冠实验室 CEO

3

定义那些你想用以定义自己的事物

序 言

　　这本书讲的是一个领导者在第一天应该做些什么。这是本书唯一关注的话题，它不会讲第二天该干什么的。

　　本书是启动你的领导能力的一把钥匙，这是一本绝对适合你的书。没错，我认为你天生就是一个领导者。我知道你可能并没有意识到这一点，或者你确实刚刚坐上一个领导的位置，但是你觉得自己难以胜任，你又好奇又困惑，不知道自己能否成为一个好的领导者。放心吧，你就是一个天生的领导者。绝大多数人对"领导"这个头衔都感到无法胜任，不过别再这么想了，你只不过是无形之中被影响才形成这种不自信的感觉。虽然这种不自信的感觉不像我们在课堂上那样明确灌输给你的，但是越潜移默化的影响越根深蒂固。

　　我也曾经是让你对自己的领导力不自信的人当中的一个。多年来，我面对高校的学生，给他们讲授各种领导力理论和得自商界、学界、军界和政界领导人的一些洞见。无意识中，我竖立起一道高墙，一边是高大上的领导力概念，一边是坐在我面前听我讲课的这些人的自我认同。我一直对他们说："领导者成就伟业。领导者指挥千军万马。领导者改变世界。"

然而不幸的现实是，绝大多数人并不认为自己从事的是什么伟大的事业，绝大多数人也没有指挥千军万马，绝大多数人也不认为他们能够改变世界。所以，绝大多数人并不认为自己是什么领导者。我们在无意识中都被影响了对领导力的认知，我们认为领导力是一个伟大的、高高在上的、凡人难以企及的本事。

现在，你应该忘掉这种错误的认识。在本书里，你会知道有一种形式的领导力是我们每个人都可以做到的，也是我们每个人期待做到的。而且这是一种你早已在践行的领导方式，只不过你没有意识到而已。

发生在你生活中的绝大多数领导行为都没有被好好认识，而是一闪而过，所以这些行为也无从赢得喝彩。虽然事实如此，但这并不是你的错。我会告诉你如何做出改变。

本书是一个关于如何重新定义你我生命当中的领导力的故事。书里有大量我对领导力的观察，其内容我也曾经在很多知名企业和高校里做过演讲。你将学到的"零起点领导力"是我在全球数十万人面前讲授过的东西。它将重新定义领导力意味着什么以及谁才是真正的领导者……它可能会猝不及防地打破不少人对领导力的固有认识。

开诚布公地说，这本书并不是教你如何成为一个高效的经理人或者CEO，如何打造出色的团队或者如何获得财富、权力和声望。起码不是直接关注这些话题的。它关注的是，在获得这些东西之前你必须要做到什么，以及如何在领导这件事情上得心应手。得到职位和头衔是要花不少时间的，而这本书讲的就是你在想成为领导者的第一天起，你应该坚持做的事情。

如果你遵循本书的方法和步骤，那么获得尊重、名望、影响力以及物质的和社会的回报就是水到渠成的事。这些都是我们被教导要用来定义一个领导者外在的东西，这些都是领导力带来的理所当然的副产品。把今天当成你生命中朝向美好迈进的第一天，并且明天继续这么做，不断重复。

第一天你要做什么事情呢？今天就是第一天。

让我们开始吧。

1

零起点领导力

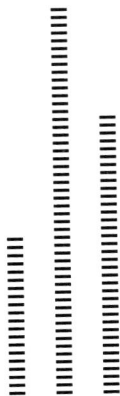

THIS IS DAY ONE

1. 今天是第一天

在我生命中，有过很多的第一天。

我有过再也不碰酒杯的第一天。对于酒精，我毫无抵抗力，所以曾经的 20 多年里，酒精一度把我变成一个连我自己都讨厌的人。

我有过大力宣传"心智健康"运动的第一天。要做这件事也就意味着，我必须向世人公开自己患有双相障碍，而人们是很容易把这种心理上的疾病和精神病搞混的。如果你的职业和我一样是去说服别人相信你的观点，那么公开承认自己心理上有点儿问题，是需要莫大的勇气的。

我有过创业的第一天。我的一个朋友曾经对我说过："世界上有三样东西最吸引人，它们是毒品、糖，还有工资。"我当时没有完全领会这句话的真谛，直到有一天我放弃了自己在大学里的教席，失去了一份稳定的收入。那时我都不确定能不能养活自己，更别说还要打造一份兴隆的生意和写一本书了。

　　我有过努力减肥的第一天。当时我所做的 TEDx 的演讲已经为我的事业带来质的飞跃，而我的体重也已经高达 300 磅，甚至超过了体重秤的称重范围。但今天，健身已经成为我生命中非常重要的部分，我不再需要盯着体重秤去了解自己的健康了。

　　我的每一次人生旅程——戒酒、创业、减肥——都始于第一天。**每一件你试图在"有朝一日"取得成功的事情都始于第一天，概莫能外**。第一天就是你坚持不懈某个行为的最初时刻，它会引导你走向希望有朝一日能实现的东西：比如减肥、升职、开创你自己的事业，以及最重要的满足感、自豪感与内心的平静。

　　在你了解和运用自己的领导力的旅程中将会有很多困难时刻，所以请牢牢记住本书最重要一个提醒：你必须把每一天都当成你在某段旅程中的第一天。这一观念并非本书独创，在绝大多数戒瘾项目中，这都是基础观点，它也是众多优秀运动员所采用的思维模式，也被许多世界性的大公司奉为企业核心价值观。而本书则把这一方法运用于一个非常特殊的领域：你的个人领导能力的发展。

　　把每天当成第一天，这需要你更新一下思想观念、对自己做出承诺以及原谅过去的自己。当我努力戒酒时，我意识到我需要这样来对待每一天，即把它当作我重塑自我的第一天。戒酒成功取决于我能每天做到一件事：选择今天不喝酒，决不妥协。每天早上醒来的时候，我告诉自己虽然过去五年我喝了很多酒，但那都不要紧，只要今天我不再喝就行了。**如果你要成为你理想中的那个人，过去的事情不重要，唯一重要的是今天的**

行动。

即使我失败了（确实，有好些天我曾经失败过），我也不认为我会永远失败。我会把接下来的一天继续当作第一天，再一次致力于会使我感到骄傲的行动。

贯彻零起点领导力意味着拥抱重复的哲学：**如果你想成为一个领导者，今天就去领导吧。每天都重复这一选择。**不管你过去是失败还是成功，这些都不重要，重要的是：每天都是新的一天，请重新开始你的选择。

怎样选择才能成为一个领导者呢？你不光要选择，还要伴之以行动，每天都要毫不动摇地采取行动。本书将帮助你做出正确的选择：那些会使你觉得自己是一个领导者并像领导者那样行动的选择。这些选择将会是你所独有的，它们可以缩短你每天实际的所作所为和你理想中要成为的那个人之间的距离。只有你自己才真正知道这段距离有多远，所以并不存在什么适用于所有人的方法。但看完本书后，你会学习到为自己量身定制的方法。

能够缩短这一距离的正是领导力。我们每个人都能够做到这种领导力，我们应该为之努力。如果你意识到这种领导力，然后贯彻本书所讲述的方法和步骤，最终就能实现它。

先别去理会那些把领导力和头衔、金钱、影响力、名望联系在一起的念头。那些东西都取决于别人，不在你的控制范围之内。你能够掌控的只有你自己的行为，你自己每天的所作所为就是影响别人如何看待你，以及你如何看待自己的最大的决定性因素。**领导力不在于做大事，而是坚持不懈地做小事**。只要每天都能够毫不动摇地致力于特定行为，你就会像一个领导者那样行事了。

把今天当成第一天，那你今天就是个领导者；把这周的每一天当成第一天，那你这周就是个领导者；把这个月的每一天当成第一天，那你这个月就是个领导者。然后是一年、五年，终身如此。

但是，别太关注时间。领导力不会只存在于某一段时间里。努力像个领导者那样行动，然后对待每一天都好像是第一天，重新努力去践行对你来说最为重要的领导行动。随着每一个后续的第一天，你的生活和事业当中的各种可能性都会呈现出来，但是本质的东西（那些关键的领导行为）则始终不变，受益一生。

现在，让我们开始看看你的第一天会是什么样子吧。

2. 新来的家伙

前面提到过，本书讲的不是那些 CEO 的故事。实际上，本书的主角甚至也不是那些通常被我们称为"领导"的人。

一本讲授领导力的书想要给读者带来启发，往往基于一个不言自明的提示，即领导力是可以被模仿的。不过，我的这本书则是要告诉你如何形成你自己的领导力，而不是去模仿其他人。你也许不是一个高级管理人员、知名的运动员或者有影响力的政治家，但你确实也是一个领导者。如果你还没有明确地认识到这一点，或者没有在每一天都努力贯彻自己的领导力，我希望本书能够为你带来改变。

在实际生活中，你展现出来的领导力并不必然和其他人的一样。它也许不会给你带来众人的喝彩，也许和你想象中的那种指挥和领导的感觉大相径庭。如果你一直认为这种感觉才算是领导，那倒是有可能使你错失掉自己的领导力，把自己视为无足轻重的家伙。我要确保你发现和接受自己的领导力。

我并不了解你的领导力，不过我相信你肯定有。它对于你所在的组织或社区来说，是不可缺少的核心要素。

我设想这样一个世界，在其中所有的金钱、工作、头衔、名声和影响力，以及我们记忆中谁拥有它们，等等，被全部清零了。只有从头开始的第一天，每个人将仅仅根据他们每天的所作所为得到评判，看看他们是否积极地影响着自己和其他人。在我所设想的这个世界里，判断观念和想法是否合理，只取决于它们是否有用，而不是取决于提出这些观念和想法的人拥有什么头衔、银行卡里有多少钱。在这个世界里，领导力会表现出很大的不同。本书描述的就是那样的领导者和他们的领导力。

穆斯塔法

我是在卡塔尔的多哈市郊区遇到穆斯塔法的，当时正是黎明时分。那是我在中东地区做巡回演讲的日程中唯一的休息日，我准备去试试"冲沙"。有人对我说，冲沙是一种"以约每小时112千米的速度冲过沙子堆成的山"的刺激运动。我得试试看。

我睡眼蒙眬地穿过酒店的前门，看到太阳在沙漠上升起的景象，美得令人难以置信。这时，一个兴高采烈的男人从附近一辆车上跳下来。他绕到车前方，挥舞着手臂，开怀地笑着，大声地喊道：

"达德利先生！欢迎你！欢迎参加穆斯塔法的盛大历险！"

他把双臂横在胸前，骄傲地声明："我——就是穆斯塔法！"

每个人都应该在做自我介绍时带上这份热诚，它能唤起你身边每个人的能量。不幸的是，我当时正在倒时差，再加上睡眠不足，导致我报之以——事后想起来——极其不恰当的回应。我咧嘴笑着，张开双臂，用最大的声量模仿《狮子王》开场那段祖鲁人的呼喊：

"爸爸！有头狮子出生了。"

穆斯塔法的笑容顿时消失了。他皱起眉头，目光变得生硬。

"那叫……"他从紧咬的牙缝中说道，"穆法沙①。"

他猛地一把拉开车门。

"上车！"他冷冷地命令道。

我有点儿担心起来，感觉这个男人好像不会把我完整地送回酒店了，我开始向酒店大门后退。

"哦……也许我最好还是别……"我说道。

穆斯塔法的脸上绽开了笑容，他发出了一声大笑。

"达德利先生！别呀！我刚才是逗你玩的，我的朋友！"他说，显然对于他给我造成的不安感到非常得意，"你挺逗的！对，你模仿的是有点儿像《狮子王》里面的，不过也不是特别像！就像加拿大人和美国人说的英语会有点儿像，但不是特别像。对吗？"

他充满期待地盯着我。

"嗯……好吧。"我不清楚应该怎么答复他的分析，"……其中还是有

---

① 动画片《狮子王》中一头狮子的名字。

很多细微但重要的差别的。"

我的声音越来越小，我完全被这位喜欢恶作剧的向导弄得搞不清楚状况了。他怎么会知道我是个加拿大人？

穆斯塔法又大笑起来，比画着拉开车门。

"好吧，"他开心地说着，"你得教我！我们走吧，我太兴奋了！"

我们上车坐好，出发了。我的朋友们，他说自己很兴奋，这还真不是开玩笑，穆斯塔法浑身充满热情。

汽车一发动，他又开始说话了，兴奋地说着什么"我们马上就要向沙漠学习了"，然后像机关枪一样向我说了一大串关于加拿大的事情和统计数据（前一天晚上他已经知道我是个加拿大人，所以提前在网上查了一些资料）。他跟我讲他年轻时候的故事、他的生活哲学、在卡塔尔国内他最喜欢的东西，当然还有笑话，各种笑话、非常多的笑话——他简直像一道不会停歇的河流，兴奋不已地聊了一个多小时。

当我们开始驶向第一个沙丘——沙漠中由沙子堆成的约 30 米高的山时，他的兴奋达到了一个新的高度。他一边把离合器踩到底，一边发出咯咯的笑声。我们的车子绝对是飞了起来，在我看来就是垂直地冲下去，而穆斯塔法则非常享受这一刻。

从冲击中缓过神来，我转身看着穆斯塔法，喊道："穆斯塔法！你比我还要开心啊！你每天都做这个工作，你怎么还会对它如此兴奋？"

穆斯塔法转身看着我，咧着嘴对我喊道：

"哈！这可是我的第一天！"

当时我都想从后车窗爬出去。

好吧，我能够理解，每个人总归得从某处开始，不过如果有人要开车带我从沙子堆成的悬崖上冲下来（见鬼了，从任何一种悬崖上冲下来也不行），我肯定不喜欢被分配给一位新来的家伙。

我猜我的想法已经很清楚地表现在脸上了，因为穆斯塔法发出一声笑声，刹住了车。车子在沙丘边缘大概 6 米处停了下来。

我两脚死命抵住脚踏板，尽力把自己整个人抬向车顶。穆斯塔法把车停好，带着一种纯粹愉悦的神情看着我。

"达德利先生，"他开口说道，身子朝我靠过来，"你没有意识到吗？你需要的正是我这种新来的伙计！"

我的心还在嗓子眼呢，我努力控制着自己的虚弱："我可不太确定这一点，我的朋友。"

"你好好想一想呀，达德利先生，"穆斯塔法回答道，"想一想你参加工作的第一天！你会一早就去，穿上自己最好的衣服，尽一切可能给你的老板留下好印象。你对待同事非常有耐心，即使是那些你知道日后自己可能不会喜欢的人。你会向别人请教各种问题，因为既然你是新人，这么干就没什么好害羞的。你会反复检查做过的每件事。你会待到很晚。对待你的工作，你绝不会有比第一天更加努力的时候了，也绝不会有比第一天更加确定这将会是你所从事的最好的工作的时间。"

他靠得更近了，继续说道："但是一到了第二天，前面说的那些就不会这么确定了，对不对？"

他笑容满面地靠了回去。

"我第一天干这份工作已经是 17 年前了，达德利先生。不过我有一点体会，也许听起来有点儿令人难以置信。我答应过自己一些事情。我答应过自己，我绝不会有参加工作第二天的时候。"

他停了下来，看着我的双眼：

"达德利先生，17 年来，每天都是我参加工作的第一天。五年前，我买下这个公司。对于每一个替我干活的人，我要求他们的就是这一点，每天他们来工作的时候要像这是他们来参加工作的第一天一样。顾客们都喜欢这一点。这就是我们成为卡塔尔最好的旅游公司的原因。"

把每天都当成第一天来生活。正是这个观念改变了我对领导力的看法。我希望它也能对你起到同样的作用。

3. 你是一个领导者吗?

"称自己为领导者,你们当中有多少人会对此感到轻松自在?"

在过去的 10 年中,我曾向很多听众问过这个问题。事实上,据我估计,我到过五大洲演讲,向超过 25 万人问过这个问题。他们的背景和从事的行业五花八门,有 CEO、医生、教师、紧急救护人员、客服人员、学生、教授,等等。

你猜,在我的任意一场演讲中,举手同意的人有多少? 不到 1%。也就是说,每 1000 个听众中,只有寥寥几个人认为自己是一个领导者。

我的整个成年生活都花在对领导力的研究上。我确信,世界上并不缺少领导力。本书的写作源于这种驱动。不过,我们也确实忽略了很大一部分的领导力,虽然它就存在于我们的日常生活中——在我们自己的生活中,也在我们与之交往的其他人的生活中——这是因为我们对于领导力的界定过于狭隘。本书将给你一份路线图，告诉你如何做出改变，既是为你自己，也是为你所关心的人。

我们的年纪越大，就越会把"领导者"这个词看作需要得到外部许可才能使用的东西：我们希望有朝一日赚到足够多的钱，取得足够好的专业成就，使得外部的某个团体或个人赠予我们某个头衔、证书、仪式或者学位，这样我们才会相信自己有资格被称为"领导者"。

一旦得到这种许可，我们会为之庆贺，并想让大家都知道。实际上，我们会在电子邮件的签名处、领英的个人介绍上以及公司的名片上大肆宣传自己的头衔。据我了解，除非人们得到外部的许可，把他们摆在领导者的位置上，否则他们担心称呼自己为领导者（尤其是在其他人面前）会显得非常自大和傲慢，而这是他们希望避免的。

这是一种普遍的社会趋势，它使领导力成了一种比我们自己更重要的东西，是我们难以企及的事物。这种观点认为，领导力是由金钱、头衔和影响力决定的，只会被社会中一小部分人拥有。在高等教育领域工作了几十年，我认为我们讲授领导力的方式在塑造这一观点方面起到了重要作用。

想一想你是怎么知道"领导者"的定义的。

我猜是有人给你举了例子，来说明什么是领导者。而且我敢打赌，那些例子讲的都是些伟大人物。他们是总统、做出开创性科学发现的人、商业巨人以及众多国家的征服者。我敢打赌，其中的绝大多数都是白种人。今天的年轻人学到的也是同样类型的例子。我们一直教导他们，"看一看巴菲特的投资！看一看史蒂夫·乔布斯的创新！再看看马克·扎克伯格是怎么打造一个互联网帝国的"！

真实世界中所谓的领导力是什么样的呢？如果你想简单了解一下，可以用谷歌的图片搜索功能搜一下"领导者"这个词。我第一次搜出来的是一只企鹅、一只小鸡、两种不同的鱼等，这些都被展示为一个"领导者"。

几年前，我在一群听众面前分享了这一发现。演讲结束后，一位女性走过来，对我说道："拜托，今晚你回家用谷歌图片再搜下CEO这个词看看。"

最先搜索出来的结果是什么呢？一张打扮成CEO的芭比娃娃玩具的照片，她配备有手机、手提电脑，身上穿的裙子如此之短，只有我们当中最为大度的人才会称之为"过膝裙"。这一形象包含着很多的问题，不过我只想指出其中的三个。

1. 它代表着一种根本性的、系统性的刻板偏见，就是认为领导者有一种固定的专业形象，只要偏离这种形象，就不能被称为领导者。比如……我。

2. 听众们得知我的检索结果后，大多数人都笑了起来。然而这一点儿都不好笑。

3. 芭比娃娃是我们文化中的大人物。

使用大人物（特别是身材挺拔的白种男性大人物）作为领导力的主要样板，其结果就是，我们绝大多数人开始贬低自己在日常生活中展现出来的领导力。我们任凭自己展示出领导力的日常时刻悄无声息地流逝，没能使自己从中获得自信和良好的感觉。问题在于，不管是好是坏，那些使我们感觉良好的事情，正是那些我们在日常生活中充满激情去做的事情。当我们身边的人展示出领导力时，我们也没有公开认可这种领导能力，没有得到认可的领导力是很难再次展现出来的。既然我们没能认可我们身边的领导力，我们也就把这些领导力从我们的组织、社区和生活中清除掉了。世界上的绝大多数领导力就这样不知不觉地被浪费了，它们从未获得过喝彩——其中也包括你自己的。

但是我们需要它。我们需要更多的人举起手来。我们需要赚取最低工资的新人举起手来，自信地称呼自己是领导者，如同世界 500 强企业的 CEO 们那样。我们需要教导我们的孩子：金钱、头衔、权力和影响力都不是识别领导者的恰当标准，因为它们排除了世界上的绝大多数人。我们需要他们现在就明白这一点，而不是像我一样，花掉 30 年时间才搞清楚其中的道理。

1996 年春天我高中毕业，当时我觉得自己就是那种标准的好学生，因为我做到了从小到大被告知要去做的每件事：我以 A+ 的平均成绩毕业，成为毕业典礼上代表学生致辞的演讲者和毕业舞会上的王者，我还是校足球队的主力之一。在我的"业余时间"里，我还是校报的编辑之一，还担任过学生会主席（只有在高中，你才能够同时掌控机关和媒体，而且没人会对此有意见）。

从简历上看，我做过的每件事都很棒。我的整个学业经历大概可以填满两张纸，上面写着我的年级、参加的课外活动、所有志愿者活动，还有我获得的各种奖励，等等。我如何评价自己所做过的每件事，都取决于它在那张纸上看起来是否优秀。简历越优秀，就越有机会进入"优秀"学校。我读的学校越好，在我未来的雇主看来，我的简历就越出色。我的整个生活就是为了打动那些那时候我还压根不认识的一些人：未来的招生顾问、未来的老板、未来的配偶。所有这一切都是为了将来能让我成为被社会挑选出来的少部分人之一，只要努力超过所有的人，在我的每份试卷和作业的右上角得到尽可能多的高分，在我名字下面挣得最多的头衔，有朝一日我就有资格进入社会中那个可以称呼自己为"领导者"的特别的小群体。

一直以来，进入这个小群体就是我一生的使命，直到有一次一段简单的谈话扰乱了我对于领导力的一切观念。它使我意识到，我们不应该为了那些还没有遇到的人生活，由此我的思想发生了转变，之后才有了这本书。

棒棒糖时刻

2002 年 10 月，我 25 岁。一年半以前，我就已经获得了本科学位。但当时我还生活在那个小小的大学城里，在那里我已经生活了差不多

6年。

人到二十五六岁算得上是一次新的青春期——生活中充满了剧烈的变化、非常多的焦虑，有着很多本不该有的困惑和自我怀疑。比起真正的青春期，这个阶段发生的变化更加混乱，往往还伴随着很多债务，有很多处在这个阶段的人还和自己的父母生活在一起。

我不确定自己接下来要干什么，不过想到要搬回家，和爸爸妈妈生活在一起，我就觉得待在一个能随意进出酒吧的地方更加吸引人。我曾经过得挺自在，也颇有所成，在校园里可谓无人不知——算是小池塘里的一条大鱼。我以优等生身份毕业，计划着迟早还会去读研究生，在我的名字后面添上更多漂亮的履历。凡此种种最终会带给我金光闪闪的头衔，进入大公司，赚很多钱。这就是生活在我心里造成的印象：如果你想得到奖赏，你就要搞清楚坐在房间前排的人（他们是老师、教授或者老板）想要什么，讨好他们远胜于讨好你身边的人。

那时候一场龙卷风席卷了我父母居住的房子，当时他们正在里面。所幸他们没事，不过我在里面度过童年的房子则被夷为平地。我的爸爸妈妈变得无家可归了，而当时我姐姐在西海岸，我则在东海岸，所以他们只能自己想办法解决。这肯定是天意，暗示我是时候离开大学的象牙塔，去面对现实世界了。我在自己帮着经营的酒吧里举行了一个告别晚会，计划着要庆祝"成年之前的最后一晚"。

晚会开始没多久，一位年轻的女士朝我走来。我在校园里看到过她，不过据我所知，我们好像从未说过话。

"你好，德鲁。"她说道。

"你好！"我说道，带着那种"见到你真高兴，虽然我压根儿不知道你是谁"类型的热情。

她笑起来。

"没关系。我知道你不认识我，不过我还记得第一次遇到你的时候。"

她继续说道："四年前我来到这里。在报到前的那个晚上，我和我爸爸妈妈住在一个旅馆里。不知道为什么，那天晚上我完全吓坏了。我百分之百、千分之千地肯定我还没有做好上大学的准备，我将要失败得一塌糊涂，让自己和父母蒙羞。我感觉是如此毫无希望，崩溃到大哭。"

她微笑着。"但是我父母真是太神奇了。他们告诉我：'瞧瞧，我们知道你害怕。相信我们，我们比你还要害怕。不过为了这一天你已经付出了这么多的努力——你明天至少得去试试，这才对得起你自己。这样吧，我们做个约定：明天我们去注册处，任何时候如果你觉得自己做不到，你就告诉我们，我们就带你回家。不管发生什么，我们都会始终爱你。但是如果你明天连试都不试一下，我们觉得你以后会一直感到懊悔的。我们要做的事情就是确保你不会后悔。'"

"你知道吗？"她继续说道，"现在回想起来，我意识到，其实当时我根本不知道自己这辈子要做什么，不过我从来没有想过我不读大学。从小到大我都是这样被教导的，如果我不想做脏乱差的工作，读大学是最基本的条件。我知道，他们说的是对的。"

"所以，在第一天我来到了这里，成了大学里的一员。每个人都在大喊大叫。说真的，每个人都穿着一样的裙子，脸上画着类似的油彩，步调一致地喝彩。我知道，她们是试图让新生感到自己受欢迎；我还知道，如果你是个外向的人，这很有效果，但如果你是个内向的人，那肯定会把你吓坏的。"

我们都笑了起来。她继续说道：

"不管怎样，在大学的第一天我就站在那儿，完全被这些噪音给压倒了。我对自己说：'这是一个只有外向的人才受欢迎的地方。我可不打算在这种地方待四年，强迫自己去适应这样的环境。'

"所以，我打算放弃了。至少在我心里，我已经放弃了。在我进大学的第一天，我就决定不读了。有趣的是，一旦做出了这样的决定，马上有一种难以置信的平和感包围了我。我知道，对我来说，这是一个正确的决定。

"于是我转向我父母，准备告诉他们带我回家，就像他们答应过的。但是，我刚要张嘴，你从最近一幢房子里走了出来，身上的穿着是我此前看过的男士当中最愚蠢的。"

（幸好带摄像功能的手机是21世纪的产物，为此我经常感谢上帝。）

她沉浸在回忆中，面带微笑。

"你的脖子上围了一条大大的标语，上面写着'与囊性纤维化做斗争'，还提着满满一桶棒棒糖。你一边穿过我们新生和家长的队列，一边开着玩笑，介绍着你的这个慈善项目，试图说服我们星期六起个大早，加入你的活动，并整天穿着'亮闪闪'的衣服和鞋子去募集慈善款。"

"你走到我身边……然后注视着我。"她说道，模仿着她讲述的故事里的我，无声地凝望着我，看了老长一段时间。

"有点儿让人发毛吧。"

我不自然地笑起来，不明白她究竟想说什么。

"不过接下来你转向我身边的一个人，你对他笑着。你把手伸进桶里，取出一根棒棒糖，递给他，说道：'老兄——你还得再排上两个小时。你身边的这位女士非常漂亮。打破冷场吧，大个子。把这根棒棒糖送给她。'"

为了展示我当时是怎么做的，她对着我挥舞着一根假想中的棒棒糖。

"你知道吗？"她继续说道，"此前我压根儿就不认识这个人，而且我也从来没有看到一个人比他更尴尬的。他甚至都不敢朝我看一眼，而是估摸着方向把棒棒糖朝着我这边戳了过来，眼睛却直直地看着前方。

"好吧，我替这个人感到不安，因为这也是他进入大学的第一天，现在每个人都在看着他。所以，我接过棒棒糖，为的是让他摆脱这个尴尬的局面。

"我刚接过棒棒糖，你整个神情都变了。突然之间，你假装表现出特别失望甚至是难过的表情。

"你转向我父母，用非常大的声音对他们说话，这样每个人都能听到你在说什么。你说：'看看你们的小女孩！看看她！这是她离开家的第一天——第一天没有爸爸妈妈牵着她的手……她就已经会从陌生人手上接过糖果了！'

"好吧。"她说道，"每个人都忍俊不禁了。方圆 6 米范围内的每个人都开始大笑起来。"

她微笑着，在继续讲述之前摇了摇头。

"你看，我知道这听起来有点儿矫情，不过就是在那一刻，当每个人都在笑的时候，我身上发生了一点儿变化。有一个声音在我脑袋里说：'今天别放弃……你可以明天退学，但是今天别退学。'"

"你知道吗？"她语气轻柔地说着，目光转向了别的地方，"我始终没有退学。再有几个礼拜我就要毕业了。"

她的脸转向我。

"那件事之后，虽然在校园里我也经常看到你，但在四年里我也没主动找你说过话。现在我听说你马上要离开了，于是我想在你走之前，我必须过来告诉你一些事。"

她停顿了一下，大概是在思索接下来要说什么。

最后，她说道："德鲁，你是我生命中非常重要的一个人，此前我从未为此对你说过谢谢，现在我必须说谢谢。还想告诉你的是，我希望你一切顺利，一直好运，好吗？"

然后她就离开了。

我都不知道该说什么。我完全被这个故事搞迷糊了，呆呆地站着，盯着她离开的背影。

她走了几步，回头看看，意识到是她使我陷入这种状态。于是，脸上带着愉快的神情，她又走了回来。

"好吧，"她说道，"还有件事你大概想知道。"

她停顿了一会儿，面带微笑。

"自从那天早上你在队列里介绍我们认识，我已经和那个人谈了四年的恋爱。"

一年半之后，那时候我已经离开校园很远了，我收到一张结婚请柬。她嫁给了那伙计。

但是，你知道吗？对于她说的那天的事，我其实一点儿印象都没有了。

那一时刻大概是我这一生中最重要的领导力时刻。它体现出我对另一个人产生的最重要的影响。它是如此强有力，以至于使得一位女士走近一个彻头彻尾的陌生人，告诉他："在我生命中，你是一个非常重要的人。"而我甚至都不记得这件事。

从那时起，我把生命中美好的时光都花在了努力实现那些能够给其他人留下深刻印象的目标上，希望这样做能够有机会对世界发挥某种影响。而在那一刻，我意识到，**其实我们的领导力并不是通过我们想要实现的目标来体现的，而是通过我们在追寻目标的过程中的所作所为体现出来的。**

那天我发起的募捐活动一直持续了下去，筹集到的款项打破了原有的纪录。打破纪录的那天，人们称赞我是一个好的领导者。我工作了四个月，为的就是这一天。不过，在那个女孩排队的短暂时间里，没有任何事先的规划，我发挥了一种更加重要的影响力，而我甚至都不记得这事。在这四个月里，整整 120 天，我就是单纯为了一个募款的目标而奋斗。在此期间我发挥的任何影响都纯属偶然，因为我并没有有意识地让自己每一天都像一个领导者那样去工作和生活，我只是追求在目标实现的那一天能让自己被称为一个领导者。

我过去从未把领导力当成一种日常的实践活动，也不曾把每一天都当成第一天来看待。但这一转变实属必需，只有这样你才能在你的领导力之旅中发现真正的契机。

日常生活中的领导力

绝大多数人不会每天都去评估自己的领导力，而是选择在某个阶段性的时间之后这么做，比如一个学期、一个财政季度、一年、五年。根据目标和计划被执行的情况，我们来评估自己，比如我计划在 28 岁结婚并生一个孩子、每年赚 10 万美元并晋升为公司合伙人……如果目标对我来说还遥不可及……如果我自己都没有达到目标，那我怎么能够领导别人？

别误会我的意思，制订计划很重要。我很喜欢这句格言：**"美梦不会**

成真。目标才会成真。没有计划的目标只不过是美梦而已。"

胸怀目标并且有计划去实现它，这很重要。但是不要忘记还有一个事实，即你所发挥的最为持久的影响力很可能和你的计划毫无关系。**你对于自己身边的人以及你所从属的组织所发挥的最大影响，几乎都是你的日常行为带来的意料之外的结果。**

不过，在评估自己的领导力的时候，我们的注意力很少集中于日常生活。与之相反，我们的注意力都转向了生活中那些"不同寻常"的日子——那些日子发生了平常不会发生的事情。

我们的生活中有着很多不同寻常的日子，既有正面的，也有负面的。正面的不同寻常的日子包括升职、实现了一个重大目标、克服了一个主要的障碍。在负面的不同寻常的日子里，我们作为个人或者团队遭受了失败，没有得到我们自认为有资格获得的东西，伤害了那些我们非常关心的人或者被他们伤害。在这些不同寻常的日子里，我们更加深入地认识了自己和我们所在的组织。不过，千万别忘了，**我们生命中普普通通的日子远远多过不同寻常的日子**，在那些平常的日子里，我们平平淡淡地过着日子，干着自己的工作。

我们让生命中少数的不同寻常的日子决定了我们大多数平常日子里的所作所为。但是，实际上长远的成功或失败都是在我们最平常的日子里孕育的。我们个人以及我们团队的本性，都是在我们日常生活的所作所为中展现出来的。

既然如此，为什么我们在评价自己的生活时，却会关注相对占比更少的那些"不同寻常的日子"呢？部分原因在于我们绝大多数人所接受的教育是一直这样告诉我们的。我们花了 12 周时间上课，但是最后的成绩往往是由我们在三天考试当中的表现来决定的：两天的期中考试和一天的期末考试。你每天花在上课、学习和写作业上的时间并不重要，只有那三天考试的日子重要。这是一种人生观，我想它不会随着我们长大而消失，它一直告诉我们：重要的是你在不同寻常的日子里的表现——在那些日子里，聚光灯闪耀，"成败在此一举"。对大多数人来说，这种人生观会把大多数普通日子的重要性一扫而空，使我们不可能产生一种紧迫感，不可能去把握每一天中能施展领导力的机会。

与之相反，我们会牢牢记住那些不同寻常的日子，并试图缩小二者之间的差距。一边是我们实际拥有的少数不同寻常的日子，一边是我们认为我们需要越来越多的在世界上真正"有影响力"的日子。在我们看来，缩短二者的差距需要重大事件，比如升职、赢得比赛、一场婚礼、一个孩子的出生等。而且我们相信，正是我们生命中的这些重大事件才会把我们推向使我们变得"有影响力"的一边，而且重大事件会随着时间的推移而出现，所以聚焦于简单的日常生活并没有什么用。

不过简单并不意味着无意义。**实际上正是靠着简单的、持续的、有效的行为才能创造出契机，从而完成我们生命中重要的事情**。更加重要的是，简单而有效的行为能够提供给我们一种日常的正面反馈来证明我们很重要。我们需要日常的证明，而不是在一年当中只有不多的几次机会才能证明自己。我们每天能产生正面反馈来激励自己，不过正如你在下一章会看到的那样，只有极少数人懂得好好利用这一点。

4. 规划着使自己变得重要

你为什么重要?

认真想一想。花点儿时间,把书放下,大声说出你的答案。在我的大多数演讲中,我都会指着听众中的某个人,提出这个问题。而他们的反应基本一致:介于非常迷茫和十分惊恐之间。

如果你有孩子,也花点儿时间,问问他们这个问题吧。如果他们还没有到上学的年龄,我猜他们会给你一个足以让你的心融化的回答。可一旦我们把他们送去学校读书了,不久他们就开始相信,他们是否重要不是取决于他们自己,而是应该由别人来评估。而且很不幸,这种认识会随着年龄的增长而更加笃定。

我第一次问这个问题的对象是一个即将毕业的学生,他非常优秀。而他的回答是:"目前我还没什么重要的,所以我现在非常努力地学习。"我无法相信他的回答。这个年轻人是校园里的风云人物,对于校园事务发挥过重要作用，影响了许多同学的生活，其中也包括我，而他居然觉得自己不重要？我又问了其他一些学生。大多数回答都差不多。

"上帝啊，我不知道。"

"我猜是因为我想与众不同？"

"这是一个愚蠢的问题，别烦我。我还要学习呢。"

但我觉得这个问题很有意思。于是我把这个问题加入我的演讲和访谈当中。我问过很多 CEO、企业家、教师、医生、律师等各类数以百计我能直接听到他们的回答的人。按照各种外在客观的衡量标准来判断，他们当中的很多人都算是非常成功的。他们中有的人经营企业赚了很多钱，有的人为了正义而奋斗，有些人则拯救生命。

然而，在我询问过的人当中，90% 都无法回答这个问题，要么就是给出一个漫不经心的回答，一听就知道是胡诌的。作为一个在高等教育行业工作了 15 年的人，我不得不问自己：如果世界上那些最聪明、最有活力、最有热情、最体贴、最真诚，而且受过良好教育的一群人都无法回答这个问题，那我们的社会还有什么资格声称自己提供了一种好的教育？难道是此前从来没有人问过他们这个问题吗？

为什么这么多出类拔萃的人会被这个问题难住呢？因为我们都希望自己重要。我们希望成为领导者。我们希望与众不同。确实，希望是一种充满力量的东西——我们应该对自己和身边的人都抱有希望——但是希望有时也会成为一种讨人厌的小花招。如果你想变得重要，只有希望是不够的，你需要制订计划，让自己变得重要，让自己成为领导者，让自己与众不同。

我要和你探讨的，就是如何制订这些计划。

你的个人领导哲学

规划着使自己变得重要，请从这个问题开始：你的个人领导哲学是什么？

一个人的领导哲学就是一系列的信念和原则，是你用来评判信息，并对他人和周边环境做出反应的东西。卓有成效的个人领导哲学可以使每个听到它的人理解你的价值观、偏好、制定决策的方法，以及你对自我和他人的期待等。

如果你无法在 30 秒之内说清楚你的个人领导哲学是什么；如果你说清楚了，但是这是过去三天里你第一次大声说出来；又如果和你密切合作的某个人无法告诉我你的个人领导哲学——你实际上就是还没有自己的个人领导哲学，至少不是那种对你的行为可以产生重要影响的领导哲学。

有时候思考这样抽象的问题确实挺难，不过找到答案非常重要。原因在于：

- 就总体领导效率而言，能够清晰表达个人领导理念的人比表达不清的人高出 110% 以上。

- 那些与拥有清晰领导哲学的领导者一起工作的人，和那些与缺乏清晰领导哲学的领导者一起工作的人相比，对他们的领导者的评价要高出 140%。

- 与有着清晰的个人领导哲学的领导者共事，团队成员对如下几方面的评价更高：

  团队精神

  为组织感到自豪

  为组织的成功而奋斗

  努力工作以实现组织目标的意愿

  信任

- 在信任度方面，有着清晰领导哲学的领导者得分高出 135%。

个人领导哲学不是那种"锦上添花的东西"，而是不可缺少的。研究证明，它能让你对他人产生更加积极的影响。没有它，你就缺少一份计划来指导你在日常活动中发挥你的领导力。

本书讲的领导力哲学的核心是：把每天当成第一天。**第一天领导力哲学代表着一种日常的努力，在你制定决策和参与某个行动时，要始终与这一核心理念保持一致。**

如果你认为自己已经有了个人领导哲学，那很好。该领导力哲学会对你现有的领导哲学做出很好的补充和增强，它能够帮助你更明确、更连贯地实践你现在所持有的领导哲学。

事实上，我自己就把我此前的领导哲学无缝隙地整合进了"把每天当成第一天"的方法中去。在很多年里，我都依赖于这一哲学。如果在某个情境下，你不知道应该怎么做，那就问问自己："在这个情况下，如果我是那个我想成为的人，我会怎么做？"然后就照着做吧。

看起来是不是很简单？当然是的。但很容易做到？绝对不是。

很少有人会认真思考他们到底想成为什么样的人，只有比较少的人会花时间想得更深入。绝大多数人想得都比较宽泛，比如要做一个"好人"而不是"坏人"。

原因有可能在于，年轻的时候，我们是根据别人希望我们学会的东西而被评判和定级的。我们已经习惯这一点，我们生命中的重大问题都由别人决定，我们学会要全神贯注于那些用来评判我们的东西。而那些评判却很少问我们想成为怎样的人、我们如何理解自己的核心价值观、在做出困难的决策时我们要采纳什么样的标准等。于是就形成这样的后果，我们当中的许多人都没有认真对待自己。在成长过程中，别人习惯于问我们长大以后想干什么，而不是想成为什么样的人。前者意味着满足别人对我们的期待，而后者才是针对我们自己要真正提出的问题。这个问题很难，回答起来不会让人轻松自在，也没人逼我们去回答，所以很多人都选择了忽视。

我曾经也是这些人当中的一个，从不对自己提出困难的、感到不自在的问题。有一次，站在某间教室前面，那是我在那里演讲的第一天，一位18岁的学生使我明白了为什么清晰地定义和回答一个问题是如此重要。

"你能解释下那个词的含义吗？"

第一次站在一群大学生面前讲课的时候，我 28 岁。那是一个关于领导力理论的研讨班，探讨的主题是变革型和服务型的领导。为了使授课内容更加生动有趣（我经常说，讲一堆"理论"，很容易使有趣的东西变得无聊），在最后半小时中，我谈到了本书所提及的一些想法，即存在一种适合于我们每个人的领导力。下课以后，一位年轻的女士走过来，跟我说了几句话。很少有老师会在他们第一天讲课结束之后听到这样的评论。

"先生，"她害羞地说着，"我没听明白。"

"究竟是哪个部分你没有听明白？"我问道。

"哪个部分我都没听明白，先生。"

"好吧，"我勉强笑着说，"对此我不会太担心的——我们有一整个学期来搞明白领导力意味着什么。"

她摇着头："恰恰是因为这个。直到今天来听课之前，我都明白什么是领导力。但是现在，我好像不明白了。"

现在我已经变得希望很多人走出我的课堂时能够产生这样的感受，但是回到我的第一天，我以为我让这位年轻的女士失望了。

"你是什么意思呢？"我问道。

"是这样的，"她说道，"我是来这里留学的。在我们国家，我们被告知的是，最聪明的人会成为最好的领导者。我也总是被教导说，最聪明的人就是那些得到最高分数的人。如果你得到了好的分数，你就向世界表明了，你有资格成为一个领导者。如果你没有，那就证明了你承担不起那份责任。"

"不过，"她继续说道，"你今天课上所谈到的东西使我认为，在加拿大，领导力的意思可能跟我以前理解的不一样。"

我按捺住笑意，正想提醒她"Canadian"是语言，而不是国家的意思，她接着说道："你能用简单的语言给我解释下，'领导力'究竟是什么意思吗？"

我自信地笑着，张嘴想说出我自己关于领导力的定义。那是我精心演练、仔细斟酌的定义，我相信她（也包括我自己）会觉得很精彩。然而，我什么都说不出。我的脑袋一片空白。对于她的问题，别说有个精彩的回答了，一个字我也回答不上来。我知道关于领导力的各种理论——在学科发展的历史上，它们是如何被研究、解释和认知的，我也帮助过别人去识别和发展那些对于领导力非常关键的技能，但我缺乏"用简单的语言"说出我自己对领导力的解释的能力。

我当时面对的就是这样的情况，就是你一直以为自己知道答案，直到别人突然对你提问时才发现自己其实回答不上来。我意识到，我还没有认真地思考我希望能够在生活中加以贯彻的各种价值观念。意识到这一点让我感到震惊。

如果你没有定义清楚你希望用来定义自己的东西，你就必然会感觉你无法努力成为你想成为的那种人。

如果你自己都没有搞清楚目标，你又怎么可能相信自己能够实现目标呢？如果你都没有清楚地定义什么是"领导力""尊重"或者"责任"，以及它们对你来说意味着什么，如果你没有把它们转变为特定的行动目标，那么就算你每天都体现了出来，你自己也无法意识到，你自己也不知道你什么时候实现了它们。很多时刻其实你履行了自己的核心价值观念，但是你不清楚，没有意识到，所以它们就这样无声无息地流逝了，无人喝彩。

喝彩能够给我们提供动力，推动我们前进，是我们度过艰难时光所需要的力量。对于生活以及领导力来说，喝彩都是其核心部分；所以确定目标，本质上就是为赢得喝彩而制订计划。你需要确定你希望在职业、财务、健康和塑身方面实现的目标。个人领导力就是教你在日常生活中，以一种始终适合你个性的方式，投入大量时间、大量资源去设定和追求目标。而第一步就是要清楚地定义那些能够在每一天给予你激励的核心价值观的真正含义。

价值观是决策的标准

所谓价值观是决策的标准，是指它清楚地表达出你所做的决策实现了什么。比如把忠诚界定为一种价值观，那就表明你的决策将关注于维护已有的联系，履行承诺。坚毅，表明你选择了克服阻碍，忍受艰辛。专注，表明你所做的决策是为了始终都保持清醒和投入。

一旦搞清楚了你的核心价值观，并花时间清晰地定义它们，你也就界定清了做决策的标准。这些价值观念将成为你面对各种选择时的最终测试，每一种行动选项都将拿来和你的价值观清单进行比照，促使你思考这样的问题："哪一个选项与这些价值观最为协调一致？"

设想一下，你认为下列价值观（我在演讲中最经常提到的三个）最为重要，并做出了如下定义：

- 诚实——承诺做到，对于我被问及的东西或者我知道应该隐瞒的东西，我会提供全面的信息。
- 正直——承诺做到，在做决策时主要考虑什么是我相信最受人尊敬的行为，而不是潜在的收益或者结果。
- 家庭——承诺做到，在做决策时把营造和维护家庭的纽带与安全摆在首位。

现在再想象一下，你在一家小公司上班，你的顶头上司——是个你非常喜欢的人，和其他同事也能打成一片——派给你任务，让你给公司的网络安装一些软件。干活的时候，你发现这软件是盗版的，公司安装和使用是非法的。假设你把情况报告给了你的上司，而他则粗暴地否认了软件存在任何问题，命令你安装它。

"听着，"他说道，"如果你不准备或者没能力做我命令你做的事情，我会认为你不适合在我们公司工作。"

你处于一种困境中。经过一番深思熟虑之后，你可以采取的行动大概有以下几个：

1. 服从上司的指令，安装软件。

2. 拒绝安装软件，希望你的上司找别人去做。

3. 拒绝安装软件，把情况反映给你上司的上司。

4. 安装软件，过几周之后打电话给反盗版热线进行举报。

　　如果你还没有清楚地界定好能驱动你成为领导者的核心价值观念，那么有很多不同的标准可以用来做决策。如果你衡量选项的标准是"保住工作"，那很简单，安装软件显然是你最好的选择。不过，那样做你就违法了。如果你的标准是"不做违法的事情"，那么拒绝安装软件或者告知你上司的上司就是你的最优选择。不过这个选择有可能会使你或者其他人失业，更别说让你夹在你上司和他的上司当中牵扯不清。如果你的标准是"我既要阻止违法的事情，还不能对我造成影响"，那打匿名电话可能是你最好的选择。但你确实也做了违法的事情，而且你的上司始终会怀疑是你给有关部门通风报信的。别忘了，既然你是安装软件的那个人，最终有可能也会让你承担责任！

　　如果你没有一组清晰定义好的价值观，那么做决策时就要临时去想标准，需要完成两个步骤：

1. 界定清楚你将用以评估各种选项的标准。

2. 以此标准评估每一选项。

但如果你早就已经确立了一组价值观念，那么它们就可以直接拿来用作你进行决策的标准。决策就只需要一个步骤了，那就是问你自己："哪一个选项最符合我的价值观？"

让我们对上一情境中的四个选项进行评估，看看哪一个选项最符合诚实、正直和家庭的价值观。

选项 1——服从上司的指令，安装软件。

诚实——你知道这么做是非法的，使得生产产品的人无法从中获得收益。如果你被抓住了，还可能对你的公司造成严重的后果。按照定义，诚实不仅仅是在被询问时提供真实的回答，还要求你坦白你知道有必要让别人知道的事情。所以这个选项无法满足诚实的价值观念。

正直——虽然有些违法行为受人尊敬（比如和平抗议），但是很难证明为了省钱而使用盗版是正当的行为。如果你保持沉默服从指令，确实会避免对你个人造成负面影响，但这并不是正确的做法。这和你对正直的定义是不一致的。

家庭——服从指令暂时不太可能使你失业或者面临有可能影响你职业的人际问题，所以这个选项看起来有利于你家庭的财务安全。不过，如果日后你的非法行为被发现了，它就可能使你失去别人的尊敬，并受到经济上或者法律上的处罚，这就会破坏你的家庭关系。考虑到这个选项有可能会给你的家庭带来此类风险，它并不完全符合家庭这一价值，尽管不是那么一目了然。

选项 2——拒绝安装软件，希望你的上司找别人去做。

诚实——你不想做违法的事，你也开诚布公地把这一点告诉了你的上司。这个选项没有违背你持有的诚实这一核心价值观。然而，你的上司从事的违法活动会使公司处于风险当中，为了公司的利益，你上司的上司应该知道这件事，每个在这家公司工作的人也应该知道这件事。没有公开信息也是一种不诚实。

正直——作为个人拒绝做违法的事情，这是正确的，不过正直的人还会采取行动，确保犯罪行为不会发生。如果对你来说，正直很重要，你就不能选择这一选项。

家庭——这一选项很有可能使你丢了工作，对你家庭的财务状况和安全造成负面的影响。很显然，它也不符合这一价值观。

选项 3——拒绝安装软件，把情况反映给你上司的上司。

诚实——你对你的上司很诚实，同时也确保了这家公司不会遭受损失。这个选项体现出了诚实的价值观。

正直——这里有点儿棘手，因为在这个案例中，构成"受人尊敬的"行为是一种主观性的。有人可能会提出，正直的人就不应该在他上司的背后"打小报告"。有的人则认为，对你和法律而言，你的上司已经不值得尊敬了，如果违法行为被曝光，公司所有的人都会受到负面的影响。就这个例子来说，我们假定你认识到，做"对的事情"就应该是做对大多数人来说都有最大潜在好处的事情。如果这一点成立，这个选项就体现出了正直的价值观。

家庭——尽管这个选项毫无疑问会对你的同事关系造成某种影响，但是它不太可能使得你失业或者造成其他任何可能破坏你家庭安全的后果。

选项 4——安装软件，过几周之后打电话给反盗版热线进行举报。

诚实——这一选项没能揭发违法行为，而且还对你的上司隐瞒了你就是那个打告密电话的人这一事实。它没有体现出诚实的价值观。

正直——这一选项的主要目的是避免对个人造成影响，而不是要做正确的或者是受人尊敬的事情。既然如此，它也没有体现出正直的价值观。

家庭——如果打告密电话导致警方的调查，很有可能你自己会因为安装软件而受到牵连，结果丢了工作，还会受到刑罚和罚款。对于你的家庭关系来说，这个选项显然非常有风险。

根据你所确认的三个核心价值观进行评估，结果很清楚，只有一个选项符合你的价值观：拒绝安装软件，把情况反映给你上司的上司。

但是问题在于，这个选项真做起来的话可能有点儿糟糕。你这个顶头上司可能会被开除，就算不被开除也可能会因此受到处罚。他很可能会非常愤怒，将他所承受的惩罚都怪罪于你。你的同事也会知道你打自己上司的小报告，其结果就是有些人很可能不再信任你或者尊敬你。你和公司里每个人的关系都很可能会出现变化，而且在很多情况下，这种变化都会是负面的。

利用价值观作为决策标准，最为根本的挑战就是：它常常会带来短期的损失和不幸。通常情况下，与你的价值观一致的选项未必能够给你带来最大的回报或者避免最恶劣的后果。它有可能使你无法得到你想得到的或者维持某种人际关系，甚至会让你陷入窘迫。

不过，选择与你的价值观协调一致的选项会使你在未来至少五年里都为之感到高兴。在日常生活中做决策时要想象一下，从现在开始的五年里，你会怎样向一群你尊重的人讲述你做出这个决策的故事。只要这么一想，在任何特定情境中对于自己应该怎么做所感到的矛盾和困扰就都会烟消云散了。

尽管有时坚持你自己的价值观念会造成暂时的损失，但这种损失是会随着时间的推移而减弱的（比如你会找到新的工作，某些被你的决定伤害过的人会原谅你，你会认识新的朋友或同事，等等），而以与你的价值观不一致的方式去行动，则会对你的智识和情感造成负面的影响，而且这种负面影响不会随着时间而减弱。你会时常想起这件事情，频繁地意识到自己做的那个决定是错误的，难以摆脱对自己的失望。如果你做的决策经常会让你产生这种感觉，那你想让自己为自己感到骄傲，或者想让别人为你感到骄傲，就会很难。

对于那些希望在日常生活中成为（并自我感觉到）领导者的人来说，

定义清楚你希望用作决策标准的价值观念，这一点非常重要。如果你还没有清楚定义你想用以激励自己的价值观，那就花时间定义清楚它们。在这些年里，你用以决策的标准是什么呢？

对绝大多数人来说，用以决策的标准一直都非常简单：

当下哪个选项造成的负面后果最小？

这一标准往往会因为缺乏勇气和正直而导致决策不连贯。所以此时此刻——也是第一天——我们承诺要采用一种新的决策方法：在评估各种选项时，要看它是否体现了你清楚定义的个人价值观。好的领导者都会这么做，只要有机会，就努力践行他们的价值观。根据我前面曾说过的，想想你想成为的那个人会怎么做？

伟大的领导和好领导之间的区别是：

好的领导者在出现机会的时候每次都会践行自己的价值观，而伟大的领导者则会创造机会践行自己的价值观。

在日常生活中，伟大的领导者会制订计划并据此行事，从而确保他们的行动符合他们希望自己成为的那种人。正是这一点使得零起点领导力哲学凸显出来——它使得以价值观为基础的领导行为从一种被动的反应转变为主动的进取。

下一章我会教你怎样制订一份计划，并据此行事。

5. 零起点领导力

领导力的个人文化

零起点领导力始于制订一个计划：

1. 确定一个你希望自己每天都能有所体现的核心价值观；

2. 清晰地界定这一价值观；

3. 每一天都要做点儿什么以体现这一价值观。

第三个步骤才是关键，只有通过严于律己的重复，你的关键性领导力行为才会不知不觉地出现。当你无须有意识地使自己的行为和你的价值观保持一致——当你是出于本能而做到这一点——你就创造出了你"领导力的个人文化"。

文化是一种塑造行为的强大力量。我们的穿着、谈吐，我们渴望什么、对什么感到羞愧，凡此种种，所受到的影响都来自一种担心，担心破坏了文化上的期待。我们当中的绝大多数人都无法控制我们出生于其中的文化，但是我们可以认真规划每天做什么，并持续地予以观测，从而创造我们在其中生活和工作的文化。

你所做的决定越是出于文化上的期待——而不是出于规则、政策和程序——你的情况就越好。规则、政策和程序都很容易被打破。每个人都会扭曲它们、打破它们，如果你只是轻微地冒犯，通常都会得到原谅，因为"我们都这么做过"。但破坏一种文化上的期待则会招致迅速而普遍的谴责。

比如说，你来参加一个活动，我是主题演讲人，你听到我说："今天早上在来这里的路上，我收到一张超速罚单。"你大概不会因此而贬低我。不过，如果我没穿裤子就跑到台上来……好吧，那我就破坏了一种文化期待，我猜想你对我的评价就会迅速而猛烈地降低。尽管事实上，限速是一条法律，意在拯救生命，而"你应该穿裤子"则是一种专断的文化期待。

零起点领导力就是致力于创造一种领导力上的个人文化：一种你对自己的期待，使之变得根深蒂固，从而对你每一天的行为施加一种积极的控制。

不辜负你的理想

怎么才能创造一种个人的领导力文化呢？零起点领导力始于我的一个

领导力项目，当时有个特别有活力的学生在课堂上引述了一句话，这句话非常有力：**"捍卫理想要比不辜负它容易得多。"**

就在那一刻，我想到了要做一个社会实验。我想设计一个实验，使得人们（也包括我自己）能实际去践行他们声称要捍卫的东西。我选择了一组学生，让他们挑选一个核心价值观，并确定我们每天都会践行它，就像个"专业人士一样"。

第一步就是挑选价值观。我曾经用下述场景问过我的学生们——

想象一下，我给你权力去选择一个价值观，只有一个价值观。无论你选择的是什么价值观，每天你组织里的每个成员都至少要做一件事以体现这一价值观。它不会是人们尊奉的唯一价值观，但它是唯一一项得到保证会坚持下去的价值观。我鼓励学生们思考将这一价值观运用到家庭、企业或者社区里会有怎样的结果。

学生们选择的价值观是"影响"。

第二步就是清晰地界定"影响"是什么意思。我们的目的是用这个定义来指导我们的行为，所以我要求学生们用"致力于"这个短语开始他们的定义。这个短语后面总是跟着一项得到清晰界定的行动。他们得到的定义如下："影响就是致力于创造出这样的时刻，即别人因为与你的互动而变得更好了。"

这个实验应该足够简单：每一天每个学生都要负责至少做一件事，它能够创造出我们所定义的"影响"时刻。每天离开学校前，他们都要到我的办公室来一下，告诉我今天做了什么。我也会告诉他们我做了什么。

但是，没过多久，我就注意到了一些事情：学生们在进入我办公室告诉我当天做了什么之前，都会在外面停留一会儿。我发现他们是在思考自己当天做了什么，想找到一个时刻能够符合我们对"影响"所做的定义。他们总是能够找到一个，并向我汇报；不过很显然，他们并没有整天在思考这一任务。与之相反，他们是在一天快结束时回过头去寻找，试图在已经发生的行为中找到它。我得承认，我也是这么干的。我们原本希望"影响"这一核心价值观会影响我们的决策、激发新的行动，但事实上，唯一新的行动就是，每天要额外来我办公室停留一下。

我们还需要一种新的方法。它产生自两种心理机制的结合：蔡加尼克效应和问题行为效应。

蔡加尼克效应（该名称取自布鲁玛·蔡加尼克，她是具有传奇色彩的心理学家库尔特·勒温的学生）指出，比起你已经完成过的任务，你更可能记住一项没有完成的或者被打断的任务。换句话说，在你的意识中，比起你已经做过的事情，那些还没有做的事情会占据一个更显著的位置。

问题行为效应（首先被印第安纳大学的吉姆·谢尔曼所证明）指出，提前针对某一行为问人们一个问题，会激发这一行为，让这一行为更可能实现。

谢尔曼做过一个实验，他把被试者分成两组，问其中一组他们认为哪些行为是社会普遍认为"令人满意的"。另外一组则没有问任何问题。在其后的行为观察中，那些回答了问题的人更加倾向于做出"令人满意的"行为。

这两个心理学效应引起我的思考：如果某个没有完成的任务会始终萦绕在当事人的心头（如果有人一边观看 Netflix 上的动画，一边还有论文没写、项目没完成或者电子邮件没有查看、回复，他就很清楚我说的是什么意思），如果针对希望未来要采取的行动提问会促使这一行动出现，那为什么我们不试着针对"影响"也提出一个问题，看看它是否能够激发与该价值观一致的行为出现呢？它或许比我现在采取的办法要有效得多。

新的方法带来了彻底的改观。我们精心设计了问题，使得我们想要回答它，就必须真的做点儿什么事情。而且在做事的过程中，我们要体现出我们对"影响"所下的定义。

我们进行了头脑风暴，提出了各种各样的点子，然后再提炼，再舍弃。最终，我们得到了我们想要的那个问题：

"我今天做了什么，从而认可了其他某个人的领导力？"

我们的想法很简单：一个人不太可能会从一段他人被自己称为领导者的交往中走开而毫无感觉，如果你没有产生任何感觉，你就无法回答这个问题。

美妙之处在于，这个问题实际上非常宽泛——可以有数不尽的方法来回答。每个寻求答案的人都可以根据他自己的选择来定义什么是领导力。而且允许他们以口头的、书面的、公开的或者是匿名的方式认可别人的领导力。从一开始我们就把所有的内容写在一块白板上，所以我们折回头重新开始，白板上是这样写的：

价值观： 影响

定义： 致力于创造出这样的时刻，即别人因为与你的互动而变得更好了。

问题： 我今天做了什么认可了其他某个人的领导力？

在一周的时间里，我们每个人每天都在尽力回答这个问题。我们使它成为一种义务，不是那种"如果时间允许"我们就会操心的类型，而是应该排在我们每天的任务清单的最上面。

我完全不曾预料到，这样简单的一个问题会带来多大的改观。

寻找领导力

第二天晚上，我来到一个拥挤的杂货店，如果你看到里面拥挤的样子，我想你会立马转身离开。不过没办法，我需要花生酱。

我来到最短的队列，那里也差不多得有 20 个人。我张望了一会儿，看到正在操作收银机的那个年轻女士。她绝对是我遇到过的最伟大的收银员。她以惊人的速度扫描货品，快到手臂都让人看不清了。每个货品发出哔的一声，就立刻落入袋中。这位女士堪称收银界的忍者。

"那位女士是我见过的最伟大的收银员"，不幸的是，在我们的社会中，**一项工作如果可以干的人越多，我们就越不可能发现那份工作当中出类拔萃的人。**各种杂志和网站会花精力去争论谁是历史上 50 位最伟大的运动员/音乐家/商业巨头，但是说到收银员、服务人员、公共汽车司机、看门人，以及甚至包括（对我来说是难以理解的）教师和护士，我们就很容易形成一种观念，"每个人都可以做那些工作"。我们把在这些工作中的出色表现看作一种低层次的优秀。

　　站在队列里，看着那位出色的收银员，我意识到："这是一个非常完美的机会，可以回答我们提出的那个问题。"

　　我下定决心，等轮到我结账的时候，我会告诉她，看到一个人这样专心致志于她的工作，这给了我一个关于领导力的完美例子。我会告诉她，任何一个人如此熟练、如此投入地工作以帮助他人，那他就是一个领导者。还有就是我注意到了这一点，并且非常欣赏这一点。

　　不过，在我20分钟的排队时间里，我看到人们非常粗鲁地对待她。很少有东西比排队更容易暴露人性中的丑恶面，因为只要结好账就不用站在一堆人当中了，就可以享受长长的周末了，但是没有一个人认识到这位女士工作得多么辛苦，很多人甚至根本没有意识到她站在面前。不耐烦的叹气和听得见的抱怨已经很糟糕了，很多人更是对她视而不见，在把银行卡或者信用卡递给她的时候还在打着电话，或者眼睛只顾盯着自己的购物袋。

　　但是女收银员从未减慢速度。当顾客排队通过时，她一个不落地打着招呼，即使得到的回应比一声咕哝好不了多少（如果他们到底是不辞麻烦，有所回应的话）。她不停地给顾客结账，让他们离开，速度要比他们排在任何别的队都要快上10分钟。

当轮到我结账的时候，她也和我打招呼，我则试图和她建立眼神的交流。我发现她的眼神里透露出极度的疲惫和挫折。在那一刻，我决定我不能只是对她说点儿好听的话，我得为她做点儿好事。

我转向收银台边上的糖果架，问道："对不起，你觉得哪种巧克力是最好的？"我为她大声回复当中所包含的攻击性感到震惊："焦糖的！"

在英语当中，有些词是别人生气了对你喊叫时也不会用到的词，"焦糖的"也在其列。

我没有被吓到，而是把焦糖巧克力放在了收银台上，看着她把它们扎好，准备放进我的袋子。

"其实，"我拦住了她，"这是我送给你的。我还要告诉你的是，你是我见过的人当中做这个工作做得最好的。我是教领导力课程的老师，而你完成自己工作的方式正是我会采用的例子，用来说明真正的领导力是什么样子。"

我朝着依然排在我身后的长长的队伍做了个手势。

"我观察了一会儿，我发现没有人真正给过你应得的感谢，所以我觉得你应该得到一些巧克力。"

我微笑着，期待她也报之以微笑。她开始哭了起来。这可不是我预料之中的事情。

作为一个加拿大人，我甚至会为自己踩上某个无生命的东西而道歉。所以，看到一位女士因为我说过的话而在我面前哭泣……好吧，我赶紧来了好一通赔礼道歉，但她抬手打断了我。

"不，先生，请别道歉。"她说道，擦拭着眼睛，"我哭是因为今天没有一个人对我表现得有礼貌……你却送我巧克力，我不都知道该怎么处理它们。"

我所开启的这次沟通兑现了我的承诺，要从事与个人的核心价值观一致的行为。当我离开的时候，我意识到，这次沟通对于我和女收银员都产生了深远的影响。直到那一刻之前，如果她的家人在她回到家的时候问她工作得怎么样，她很有可能会厉声地拒绝聊工作，略过不谈她没有得到应有的照顾和尊重，虽然这是她一再期待的。但是现在，我意识到，以后即使并非每天都会有一件额外的积极的事情发生在她身上，她还是能够回味今天这个时刻，并从中获得安慰。

对我来说，她的反应则使我意识到：我错过了多少类似的机会。我只把我日常互动当中很小的一部分看成重要的，除此之外，在其他的互动过程中，我的注意力则集中在我的手机上、我的任务清单上，以及那些会让我觉得自己在工作上出类拔萃的东西上。那次交谈不断地提醒我，其实每一次互动都是一个机会，能够塑造我希望在我的学生身上看到的那种领导力。

如果你想要使你的领导力更为连贯，那就加倍用心地去寻找并认可其他人的领导力吧。找到像那位收银员一样的领导者——那些行为远超人们预期的人，他们会提醒你，人们有可能做到多好。

被认可的领导力也就是被创造出来的领导力。那位女收银员的行为使我意识到，她自身的领导力加上我的认可，二者结合就使得她更有可能会重复她所做的事情。领导力就是在这样的循环中被创造和增强的。你身边到处都是这样的人，其所作所为远超你的公司、车间或者社区所期待的。也就是说，你身边到处都是领导者。让我们开始寻找并认可他们吧，我们能够让这些领导行为循环运动起来。

6. 运作你的领导力价值观

我的学生们积极投入到这项任务当中：在他们过去和当前的生活中，找到并认可领导者。由此产生了很多有趣的故事。他们会用意味深长的方式告诉他们的教练、老师、父母，甚至校园里非常友好的热狗零售商："你是一个领导者。"仅仅七天的时间，那个简单的问题就影响了很多人的生活。

我的一位最羞涩同时也最出色的学生（我们就叫他艾伦吧）给我讲了个故事，深深地打动了我。艾伦来到他读小学时等校车的地方，等待那个以前一直开校车送他去学校的司机。汽车进站停了下来，艾伦等孩子们都上车了，然后他自己也走上车。

"你在干什么？"这位校车司机理所当然会问这个 21 岁的年轻人。

"先生，你以前曾经开车送我去学校送了九年，"艾伦告诉他，"那时候我相当胖，不过真的很聪明。"你们当中任何人如果也曾经具有过这两种特点，就会知道，对一个孩子来说，聪明但是胖是一种多么困难的体验。

"我被欺负得太厉害了，以致每天早上我都要站在我家门廊前痛哭30秒，然后才会走出家。"艾伦继续说道，"那时候我就在这个车站等着，你把车停下来，我会坐在车的前部，因为那些耍酷的孩子会坐在后面。

"每天在去学校的路上你都会唱迪士尼的歌曲，后排的孩子不停地嘲讽你。你听到了，但是你毫不介意。我很在意那些孩子的想法，但是看到你一点都不在乎他们如何嘲讽你——你仍然在微笑，在歌唱——持续了很多天，这使我确信我一定也能熬过听他们那些嘲讽我的废话的一天。"

"先生，"艾伦告诉他，"明年我就要去哈佛大学读研究生了。你是我生命中很重要的一个人，而我还从没对你说过谢谢。我从没告诉过你，你是我认识的人当中最伟大的领导者之一。"

当我问他校车司机是怎么回答的，艾伦微微一笑，说道："他对此非常感激。"

我的很多学生都参与了这个实验，在那一周的时间里，我们每个人每天都能够创造出那样一个时刻。那些值得庆贺的"影响"时刻加起来超过了100个，而其中更为重要的教益是：我们只是认可了一次我们生命中的一些领导者，我们能够做到这一点是因为他们实际上曾经无数次地影响过我们，只不过其中的绝大多数都没有被我们意识到。而且直到我们认可他们发挥领导力的那一刻为止，他们自己也都没有意识到这一点。

世界上的绝大多数领导力都来自那些并不把自己视为领导者的人。艾伦的那位校车司机、我与之交谈过的收银员就是世界上数量最多的一类领导者的代表：他们做的事情超过了人们所期待的，从而影响着其他人。在这个类别中的人通常会因为他们所做的工作和他们的职位而自认没有资格被称为领导者。你也可能是他们中的一个。

但领导者并不是由他们的工作所界定的，而是由他们选择怎么做自己的工作来界定的。如果你在工作和生活中以一种积极的方式影响着别人，那你就是一个领导者——无论你的工作是指挥一艘航空母舰还是护送别人的孩子放学后安全回家。很多人不相信这一点，所以我们需要告诉他们。这样做的同时，我们也是在发挥我们自己的领导力。这样正向循环就会运转起来——我们必须持之以恒地增强它。

零起点领导力的方法就是要让你的领导行为变得可持续。我们始终是良善的人，希望能够产生一种积极的影响。把向自己提问植入生活中去吧，提问并不会改变我们是谁、我们看重什么，但它会促使我们的行为以一种更加连贯的方式反映出我们是谁、我们看重什么。它会让我们每天都去寻找身边的领导者，为我们揭示很多被我们忽略的、本可以发挥你的领导力和影响力的机会，让我们不再错失这些机会。

我们应该有这样的紧迫性观念，每一天我们都必须为自己赢得接下来的新一天，除非我们在今天结束的时候通过了对自己的测试，否则第二天早上我们就不会再醒来了。每天开始的时候我们都要面对这个问题：今天我做了什么事认可其他某个人的领导力？我们有一整天的时间来为这个问题寻找答案，我们心里要明白如果失败了，我们就等于没有为自己赢得新的一天。**每一天都是第一天，但下一个第一天是需要你自己赚回来的**。

这个方法很有效，对我产生了非常大的影响，从那以后我一直在践行这个方法，也在教授这个方法。我称之为"运作你的领导力价值观"，这也是你开始运用零起点领导力方法的地方，可为你的领导力奠定基础。这种领导力是我们都可以做到的，都应该为之努力的，都可以为之喝彩的。

在本书第三部分中，我将向你展示如何根据你自己的生活来开启你的领导力。我会一步一步地陪伴你走过整个过程，帮你界定出你个人的领导力价值观，教你如何选择或者是创造出相应的问题来问自己，从而将你的价值观植入你的生活和工作当中。我会教你如何调整你的行为，使你更接近于你想成为的那个人。

不过首先，在本书接下来的第二部分，我想告诉你的是我自己培养领导力的过程，以及在此过程中我收获到的关于领导力的各种精彩教益。

2

六个关键的领导力价值观

7. 重要的六件事

　　每天我都会告诉自己"今天是第一天"——我想象着我所取得的每个成就，我所犯下的每个错误，我所做过的每件好事或者坏事，都已经全部清零。今天我将重新出发，把自己塑造成我想成为的那个人。这意味着，我不会躺在过去的成绩上，也不会去担心将来发生的不在我自己控制范围内的事情。我需要做的就是专注于今天能够做到什么，并且确保自己今天的行为和我想成为的那种人保持一致。

　　在第一部分，我介绍了运作你的领导力价值以实现这一目标的流程。这个流程有三个步骤：

　　1. 选择一个核心价值观；

　　2. 清晰地定义该价值观的含义；

　　3. 把该价值观转变为你每天必须回答的"激励行动"的问题，使之运作起来。

我们在前面曾经使"影响"的价值观运作起来，所取得的成效十分明显。但那是我的学生们选择的价值观。而除了关注集体性的影响力价值观之外，我还想关注我自己的价值观。

下面的故事说的是我个人在日常生活中的六个关键领导力价值观（包括随之而来的激励行动的问题）对我产生的驱动作用。随着时间的推移，我的激励行动的问题也在不断地发展和变化，通过这一流程变得清晰、连贯。如今，我的每个"第一天"都有六个连贯的关键价值观和与其相应的问题：

1. 影响——今天我做了什么，从而能够认可其他某个人的领导力？

2. 勇气——今天我做过什么事情，它可能不会成功，但无论如何我都会试一试？

3. 赋能——今天我做了什么，推动着某人更接近一个目标？

4. 成长——今天我做了什么，使得某人更可能学到一些东西？

5. 升级——今天我是让事情改善了，还是恶化了？

6. 自尊——今天我做了什么对自己好的事情？

生活中我在意的当然不仅仅是这六个价值观。但是这六个价值观以及与之相伴的问题是我日常生活的基础。它们确保了我做事的动力和连贯性。自从我致力于践行这六个价值观以来，无论是个人生活还是专业领域，都受益匪浅。

我把每一天都看作第一天——在众多第一天当中的每一天里，这六个价值观驱动着我的日常行为。它们既催生出这本书，也使得我有机会周游世界，面向成千上万的人讲授领导力的演讲。它们使我能够成功减轻 100 磅体重，使我自己保持清醒，使我通过做自己喜欢做的事情而获得财务自由（当然，我希望看完了这本书，你不会还把有钱等同于有价值）。

从 10 年前我第一次采用运作个人领导力价值的这个流程到现在，上述这些目标全都实现了。所以在这一部分里我想和你详细分享这六个可以改变你的领导力的价值观，以及怎样把它们植入日常生活中去并通过创造性地提出问题让你付诸实践。这让我学到了很多关于领导力的教益，我希望这也能够帮助你发现自己的核心领导力价值，并提出能开启你个人的日常领导力的问题。我会告诉你这些已经成功改变了我的生活、提升了我的领导力的流程。读完这部分，你将会像一个真正的领导者那样行事。

8. 影响

定义： 致力于创造出这样的时刻，即别人因为与你的互动而变得更好了。

问题： 今天我做了什么认可了某个人的领导力？

如果今天你打算以一个问题作为零起点领导力的开始，那就以这个问题开始吧。如果在接下来的 30 天里，你能使这个问题成为你日常生活中的一部分，这将是你会发挥出大量领导力的一个月。

这个问题推动着你去寻找领导力得以展现的时刻。它使得你更可能去观察每天与你产生互动的人们，并且问："今天什么时候，你让别人因为与你互动而获得了比此前更好的感受？"更加重要的是，它可以确保一旦你发现这些人，你就会抓住机会识别出他们，向他们学习，并强化那些给你留下深刻印象的行为。

只不过是……

如果你想要寻找某个简单的诀窍来增加回答这一问题的机会，那我建议你试着在日常对话中捕捉这个词——"只不过是……"出现这个词的时候，就是你可以发挥影响力的时刻。

英语里面有很多限定词像"大概""也许""有可能""有潜力的"。我们总是要证明自己有资格从事某一任务，所以当我们评价自己以及我们的所作所为时，总是习惯加限定词，因为这会让事情留有余地。"只不过是……"是这些词汇当中使用最普遍、最具限定性的一个。

我们的生活和组织中充斥着很多"我只不过是如此如此"的人。"我只不过是一个接待员""我只不过是一个销售员""我只不过是一个全职妈妈""我只不过是一个兼职""我只不过是一个学生"。基本上我们每个人都会用类似的方式谈及自己，或者至少也在做某件事的时候说过"我只不过是想把这个项目做完""我们只不过是想找到处理它的方法"。

每次我们使用"只不过"来描述我们自己或者我们正在干什么，其实质就是在告诉别人我们一点儿都不重要。每次当我们说我们"只不过"是××时，我们就是在请求别人谅解，别对我们期待太高。

在我们的生活和工作当中，到处都有这样的人，一直在用这种方法自我贬低，而且很多人还确信事实如此。考虑到这一点，我认为，我能够用以增强我们的领导力的最简单、最有效的方法之一，就是不要让那些我们了解其价值的人在我们面前贬低自己。

努力从我们的话语和工作场所中清除掉"只不过"这个词，这将会对你产生积极深远的影响。在很多组织中，与组织外部人员有着最频繁接触的人（因此在影响别人对本组织的观感方面，这些人会起到很大的作用）往往是薪水比较少的基层员工。虽然我们所有人都承认工作不分贵贱，工作也并不是完全可以用金钱来衡量的，但实际上无论我们多么努力地承认这一点，我们都很难避免把自我评价与我们的收入联系起来。

我们每个人都能发挥自己的绵薄之力，确保那些说自己"只不过"如此如此的人的领导力能够得到别人和他们自己的认可。你会震惊地发现，一个领导者发挥出来的真正影响力和他们自己对这一影响力的认识是何等的不一致。我是在一次回高中母校的演讲中发现这一点的。

彼得斯先生

无论你现在是谁或者你取得了什么成就，一旦你走进母校的大门，你就会变回多年前的那个自己。对我来说，学生时代可不是我一生中最轻松愉快的时光。虽然我得到了一大堆奖学金和奖状，这当然好，但我很没有安全感。在我此前生命的绝大部分时间里，我都是个体重超标的胖子。尽管在高中时我已经瘦下来了，但是我一直觉得自己还是以前那个到处被人笑话的胖子。我非常担心自己的发型或者是穿衣打扮显得老土，所以在绝大多数的日子里我都是剃个光头，再套上一件足球衫。在学校里我有几个朋友，不过我从来没觉得自己属于任何一个群体。直到高中，我才第一次参加学生聚会。

不过在高中校园里有个人让我的自卑感受变得稍稍好了点，我就叫他彼得斯吧（这不是他的真名，如果我写上他的真名，他会用拖把在我身上扎个窟窿）。彼得斯先生是我们学校的保安。他在这儿工作超过20年了，是我这辈子打过交道的人当中最和蔼可亲的一个。他叫得出每个学生的名字，当有学生在体育比赛中获胜或者被大学录取了，他都会向其表示祝贺，并从他们的成长和快乐中体会到巨大的满足。不过，最令人印象深刻的是，他有一种让人难以置信的神奇能力，他能知道学生当中有谁被欺负了、受孤立了、不安全了，或者是被遗弃了。他会在巡视校园的途中停下来，找他们聊聊天。他总能记得上次和我们聊过什么，他会接起上次的聊天话题继续聊。不只记得一个人的名字，还能把上次聊天的话题记住，这是直到今天我都没法做到的事情。对于人和人之间的联系，这真是一种超级强大的手段。正是这个人使我的高中生涯变得好了很多。曾经有太多太多的时刻，我都认为自己做不到了，正是彼得斯先生的一句良言或者一个手势给我带来了巨大的改善。

正当我待在校长办公室，准备过会儿下楼去做演讲的时候，我惊讶地发现彼得斯先生居然透过窗户认出了我。他径直走了进来，给了我一个大大的拥抱。

"德鲁·达德利！"他大声喊着，"见到你真是太高兴了！"

我惊讶得嘴都合不拢了。我已经从这所学校毕业15年了，此后我们也从未见过。这所学校每年都会有超过1200名的学生，而他居然还记得我！

"彼得斯先生，"我急切地说着，"真不敢相信你还记得我的名字！"

他看上去有些吃惊。"记得你的名字？"他回答道，"德鲁，我一直关注着你的事业发展呢！我很为你感到骄傲！"

通常当别人不期然地对你说"我为你感到骄傲"，接下来会发生两件事。你肯定知道我说的是什么：

1. 你本能地会答之以"啊"。有时候会骄傲地脱口而出，有时候则会深藏不露，不过在脑中你肯定会。

2. 你马上就会开始想，在你的生活中也有很多人是让你感到骄傲的。

我们每个人在自己的生活中都会有为之感到骄傲的人。不过，我们最后一次说"我为你感到骄傲"，又是什么时候的事情呢？"我为你感到骄傲"，如果说这句话的人很诚恳，听者几乎不可能不觉得自己的生活变得更有色彩了。它带来了领导力的影响时刻。我估计，你每天都有机会碰到这样的时刻，只不过你没有费心采取相应的行动。或许你曾经打算这么做，但是你没有真去做。

这就是为什么要提出"今天我做了什么认可了某个人的领导力"这样的问题，问题能产生推动力，使你能够采取力所能及的行动，推动我们通常都没有安排时间去做的事情。明天早晨起来的时候你就可以做出这么一个决定："我要给我的第一位老板打个电话，告诉他在我的职业生涯中，我从他的指导和建议中获益良多。"提问起到一种催化剂的作用，产生一种情境，驱使我们找到答案。当我看着彼得斯先生时，情况就是这样。随着他和蔼的话语沁入我内心，我意识到我不能错过这个机会，认可他所展现出来的领导力。

"彼得斯先生，"我说，"我正要去做一个关于领导力的演讲。事实上，世界上有很多大公司都付钱邀请我去给他们做关于领导力的培训演讲。我想让你知道的是，**我所关注的领导力类型其实正是你每天都在践行的这种。它致力于找到一种方法，每天产生一种积极的影响，一次影响一个人。**而你一直就是这样做的，不过以前我还没有意识到这就是真正的领导力。现在我知道了，我想告诉你的是，你是我所认识的最有魅力的领导者之一。为此我衷心地感谢你。"

我不知道我该期待他做出什么样的反应。也许是再来一次拥抱？其实不然，他自嘲地笑了笑，轻蔑地耸了耸肩。

"哈，"他说道，"我只不过是个看大门的……幸运的是我在你成为名人之前就认识你了。"

只不过是个看大门的。

在我们的生活和工作场所中，到处都充斥着有类似想法的人。他们会告诫自己，根据他们最终所从事的职业，或者是在公司的等级制当中所处的职位，他们没有资格把自己看成一个领导者。而且，按照我们一贯所接受的社会价值来说，彼得斯先生的看法非常有道理：我努力学习，得到了很高的分数，拿到奖学金，进入很好的大学。为了继续在社会上赢得奖励、获得提升，我不辞辛劳，并最终成功创办了自己的公司。我职业生涯每向前一步，就把越来越多的人甩在了后面，和我齐头并进者越来越少。社会通行的法则由此判断，我变得越来越有价值，而这也是彼得斯先生所认可的。社会法则使我们确信，追逐金钱和头衔比起追逐彼得斯先生所成就的东西更有意义。但是，彼得斯实际成就的东西需要得到更好的认识和理解。数以千计的学生从这所学校毕业，他们都成了彼得斯先生的朋友。日后他们都成了医生、律师和CEO——就是通行的社会法则上值得我们羡慕和尊重的那种人。我和这些高中同学当中最为成功的一些人取得过联系。我拜访过他们的办公室，和他们就领导力的看法做过一些访谈。我也问过他们，驱动他们做事的价值观是什么，以及他们每天会问自己什么样的问题以保证自己会践行那些价值观。在每次访谈当中，到了某个时候，我都会问这么一个问题："嗨，你还记得彼得斯先生吗？"

听到这个名字，他们每个人的脸上都露出了笑容。虽然他们距离最后一次看到彼得斯先生，都已经过去至少20年的时间了，但只是提及彼得斯的名字，他们都会露出微笑。对我来说，这就是精彩的生活，这就是一种充满领导力的生活。

我们的价值不应该根据在多大程度上我们成了凤毛麟角的一类人而得到判断。在我们的生活和工作中，到处都有领导者，只不过他们都接受了世俗的看法，拒绝承认自己发挥着领导者的作用。我们应该共同努力，创造出一种文化，使得我们对生命价值的真正衡量方式变成这样：当那些20年前最后一次见过我们的人听到我们的名字时，他们当中有多少人会面露微笑。如果我们把实现这个目标当成我们生活和工作中的首要激励，那会怎样呢？

我们应该怎样认可在我们的生活和工作中默默无闻的那些领导者呢？我经常问自己：如果不考虑财富、地位和声望——如果这些东西不再成为判断的标准——我会仰慕谁？谁的生活方式让我非常羡慕？对我来说，彼得斯先生算一个。

在我们的生活和工作中，找到那些生活方式给我们留下深刻印象的人，再花一点儿时间让他们知道，我们视他们为领导者，这一点很重要。不要只是告诉他们，我们看重他们，他们的工作很重要或者是我们关心他们，而是要告诉他们，对我们来说你就是领导者。

"今天我是怎样认可别人的领导力的呢？"

再说一遍，尝试连续 30 天每天都问自己这个问题，让它成为你日常的一种义务。回答它能够使别人意识到，他们曾经做过的、现在正在做的以及将来会继续做的事情非常重要。为别人这样做，对你来说，也就是你在发挥自己的领导力影响。而更加重要的是，这些影响力的时刻还会经由接收到它的那些人传递下去。只要问这么一个简单的日常问题，就会在你的工作和生活中产生出影响力的涟漪——由你而起的涟漪。这就是一种领导力！马上开始吧。

今天你可以践行影响的五种方式

1. 搜寻"只不过"这个词。礼貌地提醒使用这个词的人，他们并非"只不过"是 ×× 而已。

2. 找到你经常与之打交道的服务行业的某个人，让他知道，他工作的方式使你的日子有了点滴的改善。

3. 找到曾给你的生活带来改变的某位以前的老师，告诉他，你至今还记得他当年教过的东西。

4. 每天了解一位你遇到的无家可归人士的名字和生日。

5. 在社交媒体上发布你生活中某位"领导者"的介绍，以及他对你产生了什么样的影响。不用直接告诉他本人，可以把链接发给他。

要让影响运作起来，你可以问自己这些问题

1. 今天我做了什么认可了某个人的领导力？

2. 今天我有意识地做过什么友善的行为？

3. 今天我做过什么，以向别人展示他们很重要？

4. 今天我是怎样为别人制造出"棒棒糖时刻"的？

9. 勇气

定义： 致力于即使有可能遭遇损失，仍然坚持采取行动。

问题： 今天我做过什么事情，它可能不会成功，但无论如何我都会试一试？

拒绝疗法

写作本书的时候，我的朋友安玛德已经采访了超过 250 个世界上最成功的领导者。他向他们提出了同一套问题。他计划等到采访人数达到 1000 个后，就写一本书，告诉世人他发现的东西。在我和他交谈结束时，我问他愿不愿意告诉我他从这些领导者中听到过的最有趣的洞见是什么。

"拒绝疗法。"他回答道。

安玛德是从企业家杰森·康里那里学到的"拒绝疗法"——主动寻找

拒绝，不仅要从被拒绝的挫折中迅速恢复，还要把它转变为一种积极的体验。我记得，当时我就认为这是一个很吸引人的洞见，并且马上酝酿出一个计划，准备亲自去做。不过我很快又把这事给忘了。

几个月之后，在和一家成功的传媒企业联合创始人闲聊时，我问他，对一个需要充满勇气和恢复能力的领导者来说，他能提供的最重要的建议是什么。

他身体前倾，毫不迟疑地回答道："拒绝疗法。"又是这个词！于是我请他详细谈谈什么是拒绝疗法。

"你看，"他回答道，"我的合伙人和我都不是那种特立独行耍酷的人。在很长一段时间里，别人会怎么看待我们，对我们来说是个大问题。我们很在意人们是否接受我们。通常来说，我们也知道自己在大众那里其实并没有什么接受度，所以我们一直很害怕被拒绝，被那些特立独行的人拒绝、被女生拒绝，也被那些我们想成就的事业拒绝。

"但是，"他继续说道，"当我们自己创办这家企业后，没过多久我们就发现，如果我们害怕被拒绝，那么在启动每件事情之前，我们都必须先考虑到尽善尽美了，我们觉得只有这样我们做出来的东西才会立刻被人们接受，而且我们会害怕再去改动它。但是没有变化，你是不可能带来创新的，而如果你害怕被拒绝，那你当然就不会去主动变化。所以当我们明白了这一点之后，我们决定必须在这方面做出改变。"

"你不可能只是做出一个决定或想法，事情就会自然做得更好了。"他指出，"如果你想让自己非常擅长一件事，那你必须得去不断地实践。于是，为了改变自己的谨小慎微，我们开始把拒绝付诸实践。"

"你们究竟是怎么做的呢？"我问道。

他笑起来。"坦白地说，"他说道，"我们把它变成了一种竞争。每个月我们会专门挑出一天来比赛，看谁在这 24 小时里被拒绝的次数最多。拒绝最少的人，负责买一个月的晚餐。"

"这种练习有没有带来什么变化？"我问道。

"每个周末我都有一个约会，"他微笑着说道，"在那一天我会去约我能够找到的最漂亮的女生们，邀请她们和我共进晚餐。她们当中的绝大多数人第一反应是，'我都不认识你是谁'。然后我就告诉她们，每个月我都会花一天时间让自己被尽可能多的人拒绝，因为这会让我成为一个更好的人。绝大多数人听了都觉得很有趣。坦白地说，我希望自己有机会回到高中的时候，告诉那时候的自己，随着年纪的增长，有趣远比长得帅重要得多得多！

"我们做的事真的很有趣。"他继续说道，"我们会走进一家三明治店，问店员：'我们可以自己做三明治吗？'没想到店员居然毫不介意！那我们再走进一家警察局，问警察我们能不能对着停车标志开枪，就像电影《超级坏蛋》里演的那样。"

他告诉我，通过这些练习，他们学到了三个重要的真理：

1. 你以为你经常会被拒绝，但其实并非如此，有时候你还不得不为此做点儿努力。

2.如果你抱着自己被拒绝的期待，当你真的被拒绝后，这不会影响你的自我评价。事实上，它还会变得有趣。最终，你会对所有的拒绝都抱有类似的感受。

3.即使在你被拒绝的时候，你得到的东西也要好过于你什么都没做。

对了，"警察当然是不会允许我们对着任何东西开枪的，"他告诉我，"不过他们同意让我们驾驶他们的巡逻车，这也很酷啊！"

自信 vs 勇气

我读大学的时候有个好兄弟，他似乎从来不愁找不到约会的对象。他身边总是围绕着最与众不同的女生——聪明的、风趣的、美丽的。我曾经问过他，他是怎么做到的，他耸耸肩膀，给了像我这种会被约会吓倒的人经常会听到的答案。

"自信，我的朋友。自信就是性感。"

对那时候的我来说，我完全不能理解。现在我算是明白其中的道理了。不过自信是可以伪装的，而且有时会让你表现得有点儿粗鲁或者傲慢。但尝试拒绝不需要自信，它需要的是勇气。**自信就是做起事情来好像没有什么可以吓到你，而勇气则是敢去做某些确实会吓到你的事情。**无须采取行动，你就可以拥有自信，但是勇气只能通过行动才能得到展示。

一个领导者总是心怀恐惧的。但他们不会因为恐惧而变得无所事事。

每个人在生活中都难免会有很多让自己感觉害怕的挑战，有些是温和的，比如邀请某人外出；有些是强烈的，比如面对癌症诊断报告。无须考虑我们的恐惧究竟到什么程度，勇气使得我们敢于直面那些恐惧采取行动。

勇气需要练习，并渗透进你的日常生活，从而向自己证明，你有能力面对更大的挑战。别光是等待，你需要勇气去发现你实际是多么的有勇气，每天都要增强你的勇气，这样你才能明白你有多强大。要做到这一点，你需要的工具依然是：问自己一个正确的问题。

当我面对我最为恐惧的事情之一——参加第一个戒酒互助小组会议时，我找到了能使我鼓起勇气的问题。当时我可没有直接走进会场。虽然我知道我必须得去，我也很确信我可以。但是直到我走到门前时，我停了下来，突然害怕得要死。在我的生活中，我一直期待着有所成就。对我来说，走进那扇门，承认我是个对酒精上瘾的人，正式地接受"帮助"，这就意味着我要接受各种负面的评价——既有来自我自己的，也有来自其他人的。

我站在门口，一动不动。一位女士打开门，对着我微笑。毫无疑问，此前她肯定也在别人身上看到过这种犹豫。

过了一会儿，她把手放在我的肩上，说道："还在想着这件事？"

我看着她。"是啊，坦白地说，我不认为互助小组对我有什么用。"

她朝后面看了一会儿，说道："好吧，但是为什么不试试看呢？试试对你自己说：'我不认为这会有用，但不管怎么样，我都会试试看。'"

于是，我就照她说的做了。我对自己说："我不认为这会有用，但不管怎么样，我都会试试看。"然后就迈步走进了门。

那句话很可能拯救了我。从那天起，这句话成了激励我行动的问题之一，在我的日常生活中唤起我的勇气。如果你真的想从中有所收获，你就必须一次又一次地向自己说出这句话。不仅仅是第一次走进那扇门，这还远远不够，无论我是在努力戒酒、创办我的公司，还是找到方法使自己不断成长的过程里，我都反反复复地向自己说这句话。

日后我在一次旅行中，曾经告诉一位女士，当时站在门前的我是多么犹豫——我差点错过了那次挽救我的职业和生命的一次帮助，而理由只是我觉得参加戒酒互助会让我显得没出息。她微笑着告诉我一句话，这话我永生难忘。**"为了要面子，相当多的人都放弃了寻求他们所需要的帮助。当你遇到困难时，你可以要所谓的面子，也可以寻求帮助以挽救你那一团糟的事情，但是你不可能二者兼得。要做出聪明的选择。"**

勇气可以界定出领导者。勇气就是即使知道有可能遭受损失，仍然坚持采取行动。有时候损失是物质性的，比如金钱、工作，或者某个机会。不过更常见的是，使我们不想采取行动的损失是一种主观上的感觉：自己觉得会丢脸。丢脸意味着在别人眼里损失了尊重或声望。如果我们始终因为操心别人会怎么想我们而犹豫不决，我们对自己的认知和自尊就会不断遭到削弱。

只有通过每天展现勇气——不是向其他人，而是向你自己——你才会发现，积极的自我评价来自每天充满勇气的行为，它会远远超过任何因为失败而造成的所谓名誉损失。任何你承受的名誉损失一般都来自你很少联系的那些人。如果某人只看到过一次你"尝试做某件有可能没有效果的事情",而事实上它也确实没有成功,在那一刻,他很可能会有点儿看轻你。不过,绝大多数你与之仅有一面之交的人是不会对你的生活产生多大影响的,所以明智的做法是记住埃莉诺·罗斯福的这句话:**"一旦明白了别人其实很少会想到你,你就不会担心他们是怎么看待你的了。"**

那些真正与你有着密切交往的人看到的则是你持续不断地展现出的勇气——即使面对失败的可能,仍然坚持不懈地去尝试。他们看到的是你在努力成长,迎接挑战,想学到更多的东西,做出比别人期待的更高的成就。留在他们脑海中的并不是你努力的结果,而是你执着于践行自己的价值观和展现出的勇气。仅有一面之缘的那些人对你的评价,会比你身边的人对你的尊敬,以及你对自己的尊重更重要吗?

"今天我做过什么事情,是我认为有可能不起作用,但无论如何我都会尝试的?"

就是这个问题激励我有勇气四处做巡回演讲、品尝主厨亲自料理的食品、会见明星、驾驶豪车、乘坐私人飞机。它变成了我人生成长中不会耗竭的源泉,使我做好了充分准备,敢于做出比打开一扇门更为重要的抉择。我知道只要我需要,我就会充满勇气,因为我已经践行很长时间了。

我要讲清楚的是,每天对这个问题做出回答,绝非易事。我们规避损失的本能是非常强大的。我想冒险,但是我就是会感到害怕——即使损失再小,再无关紧要。毫无疑问,在你心中也会有着类似的疑问。那为什么我们的这种本能会如此强大,要如何才能克服这一点呢?

有魔力的问题

若干年前，有一次我在一所大学讲完课，有一位年轻人走了过来。

"达德利先生，"他开口说道，"我有个朋友非常想和你谈谈，不过他是个有着极其强烈的社交焦虑的人。所以今晚他会来听你的课，我们都感到很惊讶。你愿不愿意花几分钟和他聊聊？他是个迷人的家伙，就是有那么点儿害羞。"

在我的生命中，我经常要克服自己的焦虑，而且我有不少很优秀的朋友也在与之不断做斗争。所以，我表示非常乐意与之谈谈。这个年轻人于是招呼他的朋友过来，他拖着步子走上前，眼睛却一直盯着地板。我们聊了起来。他非常友好，但是每隔几分钟他就得走开一下，平静情绪，然后再走回来和我继续交谈。每次他都为交谈被打断而深表歉意。

最后，我说道："你看，我的朋友，你真的不需要道歉。我很清楚克服焦虑是多么困难。我知道你需要巨大勇气才能走上前来和一个完全陌生的人进行交谈。"

他点着头，依旧看着地板。

"达德利先生，"他最后说道，"我花了很长的时间克服焦虑，并学会了一个非常简单的办法，我告诉自己我的人生质量将取决于我会多么频繁地问自己这个问题：'现在我是否能够表现出五秒钟与众不同的勇气？'"

现在我是否能够表现出五秒钟与众不同的勇气？

从那以后，我大概对自己重复了上千次这个问题。演讲前，坐在后台的时候我会问自己这个问题，第一次邀请我的至爱共进晚餐的时候我会问这个问题，基本上每次坐下来写这本书时我也会问这个问题。神奇之处在于，答案一直都是"是的"。在任何给定的时刻，我们都具有五秒钟的勇气——这个问题只不过是用来提醒我们注意到这个事实。

别误会我的意思。有时也很有可能在表现出五秒钟的勇气之后，我们就再无勇气去做当时做的事情了，甚至是在第二天、下一个月、一整年里都不再有这种勇气。但不要在乎这一点。这个问题问的是你是否能在此时此刻以无与伦比的勇气坚持五秒钟。在任何给定的时间，我们都能够做到五秒钟。接受这个事实，你能够做到的事情就会成指数地增加。

不过困难的地方是，我们并没有接受过训练如何关注我们当下的五秒钟。但其实它本身并不可怕，可怕的是我们在心里想象出来的五秒钟之后可能发生的后果。

"如果我表现出感兴趣，他们肯定会笑话我。"

"如果我大声说话，说不定会被开除的。"

"如果这个决定错了，我就得白干好多年了。"

但是所有这些事情其实都不会在五秒钟之后立刻发生，有些可能在不久之后发生，有的也许会在更远的以后发生。不过这并没有因此改变这一事实——**其实你并不是在怀疑自己当面迎接挑战的能力，你是在怀疑自己承受这么做所可能出现的后果的能力。**

关注人生的道路，这很自然。但是要记住，这是你自己的人生道路，它应该由你自己去创造。你的生活不应该遵循某个特定的模板，作为一个领导者应该要有意识地摆脱这一点。这是一个挑战，因为对大多数幸运地生活在安定国家的人来说，我们的未来大多是早被提前安排好了的。在我们成长过程中，确定的目标和通向未来的里程碑都已经被明确地界定好了：职位、工作、婚姻和孩子，遵照确定的顺序，在特定的时间完成。这就使得我们一直在朝前看，做决定时总是考虑它是否有助于我们按时完成时间表上的任务，而其实这根本就是别人给你制定下来的。它使得我们在做每个决定时都感到恐惧——不是因为我们认为自己没能力做出决定，而是因为我们害怕做了决定之后可能发生的事情。所以我们学会了避免犯错，而没有认识到自己拥有犯错误的勇气和会从错误中恢复过来的弹性。产生这种恐惧的一个主要因素很早就植入了我们的心底。我称之为"清单"，这份清单常常破坏你的领导能力。

清单

我认识艾莉森·埃尔伍德时，正值我们共同的朋友托我帮忙为艾莉森的骑行环游加拿大项目筹集资金。艾莉森的目标是收集那些与乳腺癌做斗争并取得胜利的女性的故事。她母亲与这种疾病斗争过，艾莉森深受激励，并且从她听到的其他幸存者的故事中吸取着力量，她希望能够把这些故事编辑成一本书，送给那些患有乳腺癌的女人。

"一个女人被告知得了乳腺癌，这将会是她一生中最令人惊恐的一天，"她告诉我，"所以我想和她们分享我从我母亲那儿获得的希望和力量。"

这次环游会耗时三个月，路程约 8000 千米，其中有很长一段路程要独自骑行。做这个项目所显示出的热情和奉献，我觉得很值得与我在多伦多大学的领导力课程上的学生分享。于是我要求艾莉森来我的课堂和我的学生们分享她的故事。

那天晚上，当着逾 200 名大一、大二的学生观众，艾莉森讲述着她如何努力使这次环游成为现实，不仅要努力争取资助和进行艰苦的体能训练，还要想尽办法说服她父母同意让他们这个才 23 岁的女儿在加拿大的公路上骑行 12 周（并不是所有地方都有人类居住的）。

她讲述着自己经历过的生理的、心志的和情感上的挑战，以及三个月时间胜利骑行环游世界上面积第二大的国家的喜悦。我则在观察着学生们，我感觉他们开始把她视为崇拜和模仿的对象了。演讲结束后，艾莉森开始回答学生们的提问。一位大一的学生举手，问道："你是在哪里上的学？"好像这个问题能够对她所说的每件事情的真实性产生某种影响。

艾莉森笑了起来。"或许你应该问，我是从哪里退学的！"她回答道，"在我从我的学校毕业前，我曾经从好几所学校退学。"

听众们的反应是我终生难忘的。有些人的脸上出现了恐惧的表情。有些人则摇着头，似乎对她感到失望。我看到至少有两三个人转动着眼睛，合上了笔记本。这些行为传递出来的信息非常明确：在我们看来，这个女人不值得信任。我无法理解这一点。明明是一个与众不同的坚韧、力量和勇气的故事——而她曾经从大学退学这件事居然会使她做的每件事突然变得不可信了？短短一会儿，她从一个令人仰慕的对象变成了一个反面教材。就在那一刻，我意识到"清单"的力量是多么的强。

我们无意识当中都有一份人生清单，上面写着一些我们认为只有完成了才算得上成功的事情。我们未加深思就获得了这份清单，它是如此深刻地印在我们的头脑中，使得任何偏离——不管这种偏离是多么令人兴奋或者令人满足——都会被视为愚蠢甚至是鲁莽的。它立足于这样的前提，虽然我们讲条条大路通罗马，但是只有一条大路是修建得更牢靠的、也一直被证明是可靠的、能够保证成功的，那么只有我们愿意服从纪律，按照指示做好必要的事情，才能算得上成功。

遵循这条道路，就是要求你遵循如下清单：

1. 读幼儿园，尽情玩耍。

2. 读小学，完成老师布置的功课。

3. 读中学，这样你就能够读好的大学（这通常意味着要按照老师说的做）。

4. 读大学，这样你就可以得到一份好的工作（这通常意味着你要做好教授们布置的任务）。

5. 得到一份好工作。

6. 得到晋升。

7. 建立认真的、长期的关系。

8. 得到晋升。

9. 结婚。

10. 得到晋升。

11. 买房子。

12. 得到晋升。

13. 生小孩。

14. 更多次地得到晋升。

15. 退休。

16. 确保你的孩子们也会做同样的事情。

这份人生清单促使着相当多的人像做一种大型寻宝游戏一样对待自己的生活。从人生一开始我们每个人都会拿到这样一份清单，被告知"要尽可能多且尽可能快地完成清单上的任务，因为与你竞争的其他人也在这么做"。

我很擅长这个游戏，不过玩这个游戏也差点毁了我的生活。大人曾经告诉我，我有能力完成这份清单。这就是他们对我的期许。不辜负这份期望成为我的动力。毕竟说到底，还有哪种感受会比让那些支持和信任你的人感到失望更糟糕呢？

清单上的部分任务应该是要在我 25 岁生日前完成的。我不记得具体是什么，但是我确实记得我曾经因为没能按时完成而感到非常懊恼。突然，在我的生命中，出现了一种使我惊恐但同时又感到解放的时刻。我意识到，这份清单成了我生命的动力，影响着我的决定，支撑着我的自我评价……但它却不是我自己制定的。它是别人的清单。我是在按照别人的日程表过我的生活，我必须要有勇气阻止这样的事情。

我不知道你的清单上写了什么。我也没法知道清单上列的什么事情是你觉得自己必须要完成的，这样你才能相信你拥有成功者的生活，是这个世界里有价值的人。但我知道的是，无论清单上写的是什么，首先它都必须是你自己制定的。它不应该是由你父母或者你的伴侣制定的，或者来自你认为的社会对你的期待。因为如果你把自己的生命花在追逐一系列别人制定的目标上面，你始终会觉得自己一事无成。

我仰慕艾莉森·埃尔伍德，因为她有勇气不断寻求生命中的变化，直到找到她想要的生活，那也是她值得过的生活。你也有权利这样做。事实上，你有义务这样做。这样做就意味着要让勇气成为你日常生活中的一个基本的部分。如果别人对你的期待和你自己的核心价值观不相符，那你就必须要有勇气摆脱它。

但是要做好充分的心理准备，清单和人们对你的期待有着巨大的力量。它们常常驱使着我们，以完成清单上的事情的名义，背离了自己的价值观。它们驱使着我们，使我们的决策并非源自我们的核心价值观，而是为了使我们更好地逐次完成清单上的任务。为什么要盲目地恪守某个甚至都不是我们自己创造出来的模板呢？这是因为在我们成长的过程中，这份清单深深地印刻在我们的脑中。在我们的文化中，教育体制就是其中最为核心和最有力量的系统之一，但它同时也是最危险和最压抑的，因为它从不教我们要有勇气——它教的是服从。我们需要改变这一点，我们需要扭转这种局面，我们当中的许多人已经成了某些东西的牺牲品。我这么说并非是在指责，而是要指出，我们的社会系统更多是在鼓励学生寻求外在的认可，而不是自我的认可。

每年都有成千上万的年轻人被告知同样的事情：如果你努力工作，最终你会得到报偿的。问题在于，我们从没告诉他们，到底要多么努力才算是努力够了。我们在做一件不地道的事情，强行规定了他们在人生中想得到的报偿是什么，但是我们从未告诉他们，这个"最终报偿"到底什么时候会到来。

如果你努力工作，最终你会得到报偿的。

正是这句话，使得年轻人相信老师对他们的看法以及雇主对他们的看法会比他们自己如何看待自己更加重要。它使得年轻人相信，接受教育的整个目的就是搞清楚市场需要什么，于是就学习什么，然后再还给市场，而无须考虑它是否与自己的技能、天赋或者热情有关。

最糟糕的是，它还一直在告诫舞蹈家、演员、艺术家、音乐家、企业家、变革者，以及任何其才能无法用论文和考试来衡量的人：他们的才华根本就不是才华，除非有朝一日能够转化为金钱，那才是才华，否则就只是些个人的爱好而已。我们每个人都曾经是那些年轻人。你们当中的有些人目前正在经历着这些。

从几岁的时候起，人们开始把他们热爱的事情、他们感到充满生机的事情、他们能够以自己的才华予以创造的事情深埋在心里，只因为那些事情不能使他们顺利地完成清单，不能给他们带来"领导者"的头衔？七岁？也许八岁？如果我们都不再这么做了，世界会变得多么不一样呢？

关于教育和学习，有四条基本的真理，我相信你能从零起点领导力中学到。如果你是一名学生或者学生的家长，读到这里，我希望你做出选择，要有勇气使这四条基本真理成为你接受教育的基础。

1. 你远比你所认为的要出色得多，你远比你在任何考试中展示出的结果要出色得多。

2. 学校只是你生命中的一段时间，在此阶段在考试中取得好成绩的能力会比成就某些事、改变某些事、帮助别人的能力得到更高的评价。但是，比起完成考试，有能力成就某些事、改变某些事、帮助别人，这个世界会给予你的奖励要多得多。要使你接受的教育除了提高你完成考试的能力之外，同样能够提高你成就某些事情、改变某些事情、帮助别人的能力，因为不会有人主动教你这些东西了。

3. 成功和领导力并非由职位头衔或者薪金支票来衡量，一堆的全优也不会让你踏上坦途来赢得这两样东西。成功和领导力来自每天的奋斗，要让你更可能为自己的生活和其他人的生活增添价值。

4. 你应该非常努力地学习，使你的成绩变得很出色。你的成绩是块敲门砖。你的成绩单是你生命中非常重要的部分，但它不是衡量你作为人的价值的标尺。即便你的成绩是C，也并不等于你是个C等的人；即使你是一个得到 A 的学生，你也并不会自动成为一个 A 等的人。绝对不要让你熟知其价值的某个人仅仅因为别人给出的分数而自我贬低。底线在于：你应该非常努力地学习，使你的成绩变得出色，但是你需要双倍的努力以确保这些分数在你人生中只是一件最不起眼的事情。

领导力就是使你的生活更少地去满足别人的期待，更多地严格致力于每天践行你自己的核心价值观。即使冒着损失金钱、机会、喝彩的风险，甚至是失去那些你被教导要寻求其认可的人的尊重，你也要这么做。而且，它会产生一种不断重复的行为模式，从长远来看，你会为之感到骄傲。如果你所选择的价值观以及你用以激励自己行动的问题使你自己和你身边的人的生活变得更好了，那些可能遭受的损失总是会被你赢得的内在的自豪和外在的尊重所超越。

改变就是勇气

审视自己的生活，并问自己"我是在践行那些对我来说重要的事情，还是在尽力满足从外部强加于我的要求的清单？"，这是需要勇气的。

这是因为，当你发现你的生活只是在满足别人对你的期待时，肯定会对你造成一种冲击。这会让你开始反思，哀叹过往，并直面这样一种想法：我必须有所改变。对此，绝大多数人即使在最乐观的情况下也会觉得有点儿不自在，而在最坏的情况下甚至会感到恐惧。

我认识不少人都说自己喜欢改变，但是只有很少的人会真正做出改变。逃避改变是人的一种本能。人类的大脑具有诸多奇妙的能力，但其核心都是为了满足一种功能：生存。在产生音乐、艺术、算术和哲学的奇迹之前，创造这些奇迹的人类首先必须得让自己的心脏保持跳动。因此，我们的大脑会驱使我们去寻求安全感，如果可能的话，甚至可以从类固醇中获得满足。

一旦我们获得了某种程度的满足，就会厌恶改变。这在进化意义上来说是有好处的，也因此被印刻在了我们的基因中。想想吧：我们每个人都是那些历史上存活下来的人的儿子或女儿、孙子或孙女、重孙子或重孙女（如此等等），必然把有助于他们存活下来的行为倾向一代代遗传了下来。

在人类历史的绝大部分时间里，对人类生存的主要威胁都是物质性的：我们可能会饿死冻死，感染上某种疾病，或者被野兽吃掉，要不就是被我们生存的物质环境中的其他危险所压倒。正因为如此，我们发展出了一种情感本能，这种本能凌驾于理性思考之上，使我们无须思考就能采取行动。尽管在当今时代，不假思索就采取行动并不那么可取，但是理性思考后的行为反应要比生存本能的行为反应慢很多。相比于理性思考的倾向，烙印在我们 DNA 中的生存本能行为要厉害得多。

为了清楚地说明我的意思，让我们想象一下，在 10 万年前，两个直立人漫游在大草原上。这时，一头饥饿的狮子猛地从草丛中跳了出来。两人当中的一个瞬间的本能反应就是害怕，在脑子想到"哎哟！狮子！"之前，他就已经转身跑出去好几步了。

而另一个则在深思："啊！一头狮子！此时此刻为了活命，我可以有哪些选择？"

那个尖叫着冲过高高的草丛的人很可能就是你很多很多代前的祖先。那个思考着有哪些选项的家伙呢？肯定不是（因为被狮子吃掉了）。

我们之所以拥有各种情感，是因为在人类历史的绝大多数时间里，它们使得我们更可能生存下来。愤怒、嫉妒、骄傲和厌恶等都能够产生出行为，从而使得表达出这些行为的人（及其后代）更可能生存下来。在这个过程中，虽然它们也常常造成巨大的疼痛、破坏，甚至死亡，但在人类遥远过往的生存中，这些都是有必要的——但是，如今这个时代的情况不同了。

如果你能够读到这本书，那就说明你的生存环境相较远古人类是足够优越的，你不是生活在主要生存威胁还来自物质环境的世界里。在你生活的现今世界里，你要面对的主要威胁是社会性的和情感性的。在这样的世界里，允许你的情感凌驾于你的行为之上，但不幸的是，人类在生理上的本能行为的进化却非常缓慢，远比社会规范和期待的变迁慢得多。从很多方面来说，我们的大脑生活在一个它非常不适应的世界里。这是一个有着摩天大楼的现代世界，从统计意义上说如今的空中飞行极其安全，如今我们可以获得五花八门的食物，但我们的大脑仍然在冲我们喊：

"别爬那么高！"

"你现在走得太快了！"

"这味道不对，赶紧吐掉！"

每当我们坐在会议桌旁，一旦对面有人不同意我们的提议和观点，我们的大脑做出的反应往往和看到一头从草丛中跳出的狮子是一样的：我们要么转身逃跑，要么就立刻跳起来反击。而这会阻碍真正的交流和合作。

作为一个演讲者，我的事业很成功，我认为我的成功主要来自我一直致力于磨炼我的演讲技艺。但同时我不否认的是，人们需要我的服务部分源于这么一个事实，即只有少数人擅长面对公众演讲。事实上，很多人都害怕这么做。这当然有其缘由：在人类历史的绝大部分时间里，人类都是孤独无助的，被一大群人盯着看的本能反应就是大脑会认为这是一种非常危险的信号。远古那些努力躲避被围观的人类更可能有下一代，正因为如此，这种恐惧感一代一代地传递了下来。但是这种从我们祖先那里遗传过来的本能恐惧感，已经不适用于现今的人类社会了。现今社会，正是那些勇敢且充满魅力地在人们面前表达观点的人才能得到奖励。

相比祖先，我们占据着生存优势，我们生活在一个许多曾经威胁我们祖先的东西都已经不再会对我们构成严重威胁的世界里。然而，我们依然把祖先的情感和生存本能携带到了今天。那些本能教会我们逃避风险，而今天我们需要的是勇气。我们的 DNA 里携带的避免做出改变的信息，曾经使我们的祖先得以存活，如今却使我们远离了生活："无论你在哪里，你要做的就是使自己有地方住、有衣服穿、有东西吃，和其他人保持一致。好好待着，始终做那些事情。不要改变任何东西，因为你已经拥有了你需要的东西，改变可能导致失去它们。"

我们体内存在一种排斥改变的倾向，它来自进化的过程，是非常原始的。社会对于改变也有污名化的倾向：改变被等同于曾经失败。如果你正在改变某些事情，人们会猜想那是因为你此前做的什么事情失败了。如果不是因为你此前做的事情不够好，为什么现在要做出改变呢？

我们必须改变这种想法，**不要觉得我们在人生开始的时候都先得到了100 分，在生活中每犯一个错误，就会被扣分，而且永远不能再赢回来。**这种心智使得我们不敢通过试错而不断成长和学习，而是想着如何尽可能地少丢分数。我们的自我判断和对他人的判断应该是基于当下我们是如何地明智和有才华，而不是一路走来没犯什么错误。只有通过反复尝试才能学习，不犯错误、不经历失败就没有真正的尝试。

在我们的社会中，改变也不能算是完全被污名化，因为如果事实表明，改变确实带来了好处的话，那它就常常被称许为勇气。但是，大多数情况下改变依然会被视为一种应该受到限制的举动：你可以这么做，但是不要经常这么做。

要想理解这种限制，有一个方法，想象一下在第一天你得到了 10 个"改变代币"。每一个代币代表着你生命中的一次重大改变。任何时候你需要采取某种改变的时候，你就需要交出你的一枚代币。而且社会上存在一种使用这些代币的时间节奏：

- 在 25 岁之前，你可以用掉五个。
- 在 30 岁之前，你还可以多用掉三个。
- 在 30—35 岁之间，你可以用掉最后两个。

一旦你用完了全部的"改变代币"，或者你试图在 35 岁之后再要，好了，那就说明你显然没有全力以赴，没有完成承诺，生活没能安顿下来。潜台词就是：改变得太多或者太慢，你都将会得到负面的评价。

但是，对于那些经历了 25 年的婚姻之后发现彼此不再相爱的人，那些突然有一天发现自己所从事的工作不再有意义的人（也许从来没有过），或者在 40 岁的时候找到了新的热爱的东西的人，你觉得他们应该怎么办？这就是每个领导者都需要勇气的原因，**让勇气成为你个人价值观的组成部分，这也就意味着在你的生命中，你总是愿意进行改变，直到它变成了你想要的生活，那才是你值得度过的人生。**让你的生活充满勇气，这也同时意味着可能会面临很多失败——这是采取改变的行动不可避免的。如果它带来了更有成就的、积极的结果，失败就没有什么需要羞愧的。

如果给我们的生活先行制定一份清单，这会使得相当多的领导者早早地安顿下来，没有得到他们想要的和值得过的生活。要发现这一事实很困难，而一旦发现了则会使人心烦意乱。正因如此，**人们所能够问到的最具有勇气的问题之一就是：在我的生命中，我将在何处安顿？**

我将在何处安顿？在事业中？在婚姻关系中？在健康中？要发现你会

在何处安顿，这肯定很难，尤其是如果你已经获得了某种程度上的客观的成功，那是难上加难。对于这种体会，我有一些个人经验。

年轻不能安于现状

若干年前，我发现自己的工作负荷太大了，每天工作 18 个小时，要处理各种职业中棘手的人际关系，真是筋疲力尽。事情越来越多而且相互纠缠，我发觉自己跟理想中想成为的那种人越来越不像了。我工作起来没有一点儿激情，感觉特别厌倦，总盯着问题而不想怎么去解决，让事情不是有所改善，而是变得越来越糟。

我意识到自己的能量已经耗尽，意识到继续工作只会更加糟糕，于是我决定给自己放个假，去做点儿我一直想做的事情：乘火车穿行加拿大。尽管在我的计划中这段旅行时光应该是平静的、可以让我好好沉思的两个礼拜，但它却成了我生命中最有活力和充满启迪的一段时光之一。我在这段旅行中接触到了很多带给我启发的人，他们的洞见我至今珍藏于心。我会向你介绍他们中的一部分人。其中一个是一位年轻的工程师，名叫卡瑞。

对于工程师，我向来怀有巨大的敬意，并一直在各种领导力课程上效仿他们拆解问题和探索各种可能的解决方案的做法。他们能够实实在在地从事建造——这是一种我力所不及的才能。在我整个青年时代，每当遇到需要使用各种修建工具的时候，如果我问一句"我能做点儿什么吗？"，得到的回答总是千篇一律的"什么都别碰！"。别人让你什么都别做，这是很令人沮丧的。这其中也有对领导力的启示。

所以我对工程师充满敬畏，他们的心智能够把事务进行拆解。对于那些看起来难以克服的挑战，就是有人能够运用确凿的真理和不可更改的法则找到可塑的、有创造性的甚至是艺术性的解决方案。第一位使我意识到我变得墨守成规了的人就是这个名叫卡瑞的工程师，她提醒我是时候在我的生活中注入更多的勇气了。

在我火车旅行的第三天，我遇到了她。我问她要去哪里，她的脸一下子红了起来，然后坐回到她的座位上，看着我，似乎是在考虑该不该给我讲她的故事。

最后，她终于开口："好吧，不过在告诉你我的目的地以及为什么我要去那里之前，我需要给你讲个故事。"

"我喜欢听故事。"我说道。

"好吧，"她说道，"这是一个爱情故事。一个工程学的爱情故事。"

"啊哈！"我说道，"是关于你自己的？"

"我的等会儿再说，"她回答道，"我现在说的是罗布林家族的故事。你听说过他们吗？"

"没有。"我说道，"不过我的学生会告诉我一些如今和流行文化有关的事情。"

她大笑起来："好吧，从19世纪中叶开始，罗布林家族就和流行文化没什么关系了。"

我的好奇心被激发起来："好吧，我等着听你的故事。"

"是这样，"她说道，"我读工程学的第一年，有位教授就给我们讲了罗布林家族的故事。出于某些原因，它深深地打动了我。内战时期，当时世界上最棒的工程师之一是一个名叫约翰·罗布林的人。他建造了一些大型悬索桥，比此前世界上建造过的任何桥都要大。内战结束以后，他和他儿子又完成了一个令人难以置信的设计，建造了当时世界上最大的悬索桥。你知道是哪一座吗？"

"不知道。"我回答道。

"布鲁克林大桥——连接曼哈顿和布鲁克林的那座大桥。这意味着这座桥要跨越东哈德逊河，所以它的长度要比历史上任何一座悬索桥都长50%。但是他和他儿子想出了充满创意的设计，他们就是要建成这座桥。"

"很显然他们成功了！"我笑道。

"事实上，对他们来说并不算很成功，"她回答道，"在开始建造之前，约翰·罗布林就死于哈德逊河中一次古怪的事故。接下来他的儿子华盛顿也得了潜涵病，造成了他身体部分瘫痪。"

"建造一座大桥怎么会得上潜涵病，那不是潜水才会得的病吗？"我问道。

"通常确实如此，"她说道，"所以它被称为 DCS 或者是潜水减压病，一般是在潜水中患上的。不过这种病最初的名字是'藻井病'，得名于在水下建造的那些巨塔。这些巨塔建筑在河底的基岩上，用来支撑巨大的桥梁。当他们开始建筑这些巨塔时，他们完全没有料到压力差会给建筑工人们带来怎样的影响。很多人都死于潜涵病。华盛顿·罗布林也差点成了他们当中的一个。"

"嗯，不过这故事里哪儿来的爱情呢？"我问道。

"我正要说到那儿。"她说道，"华盛顿·罗布林已经丧失了身体能力，他无法直接监督造桥项目了，但是他的妻子艾米丽·罗布林实际上也学会了每件和建筑桥梁有关的事情，而且她是唯一能够看见华盛顿·罗布林的人，于是她就在他和工地上的工程师们之间来回传递信息。久而久之，她学会了很多东西，以至于后来人们发现大量设计上的决策其实是她决定的。特别令人感动的是，当时的女性其实是不被允许正儿八经通过学习成为工程师的，所以她都是和她丈夫一起学习、教授和工作的。"

"以前我可从来没有听说过这个故事。"我说道。

"对的。当外界意识到其实是她在其中发挥作用后，他们甚至试图罢免她丈夫项目总工程师的职位。于是她就去和政客们、投资商、美国市政工程师协会——几乎是每个跟造桥有关的部门去打官司。建造这座大桥花了 12 年——是她确保了他们夫妻二人对这项工程的全程控制。"

卡瑞靠回到自己的座位，微笑着："她每天都和他在一起工作很多个小时，最终那座大桥成为现实。为了他们两个，也为了那座大桥，她自学成才成了一名工程师。她造出了了不起的大桥，她也是第一个走在上面的人。"

"真棒，"我吹了声口哨，"你说得对，这是个不折不扣的工程学爱情故事。"

"千真万确，"她说道，"从我听到这个故事的那一刻开始，它就成了我生命中最激励我的事情。我也要同时对我的工作和某个人抱有那种热情。"

"这么说，你也找到了你的工程学爱情故事？"

"对呀，"她羞涩地说道，"这就是我乘这趟火车的原因。我要去温哥华见一个人。"

"太棒了！"我说道，"你男朋友？"

她脸红了："嗯……算是吧。"

"听起来是一个美好的故事！"我鼓励她说下去。

"我猜也是。"她说道，点点头，向后靠了靠。"事实上我们还从来没有见过面。我们是在网上认识的。"我正准备开口说话，她挥手阻止了我。"我知道我知道，每个人都认为我是个傻瓜。不过已经三年过去了，我们每天都会保持联系。打电话、发邮件，或者是短信。我们知道彼此的每件事，我们真心地爱着对方。"

"我的天，你们怎么能够相处这么久却从来没有真的见过面？"我问道。

"好吧，"她带着一种无奈的笑容说道，"我们几乎在所有方面都是一致的，其中也包括我们都害怕坐飞机。我们都是工程师，都欠了一大笔钱，都有新的工作，都没有小汽车，所以我们唯一见面的方式就是我们当中的一个人乘火车穿越这个国家到另一头相见。这是第一次，我们当中的一个人有时间和钱去见对方。"

她身体前倾，语气变得激动起来："你看，我不知道是否世界上的每个人都有自己的爱情故事，但是我想要一个，为了得到一个，我会做任何事情。很多人都认为这样做很傻，但是我并不介意。"

"不过我想要问问你，德鲁，"停了一会儿，她说道，"为了有机会得到更大的快乐，你愿意往前走多远？"

为了有机会得到更大的快乐，你愿意往前走多远？

这是那类你需要问自己的问题之一，你思考得越久，它就会越有力量。在我和卡瑞道别很久以后，我依然不能忘怀这个问题。我清楚地记得，那天晚上我彻夜难眠。

那天晚上当火车穿行过落基山脉时，我意识到我并不喜欢自己的回答。我不得不承认："为了有机会得到更大的快乐，我并不愿意走得太远。"

在这次火车旅行之前，我以为我拥有了使我快乐的每样东西，比如一份不错的工作，极好的职业保险，在一所知名的大学占据一席之地。但我的工作开始使我变得烦恼、疲惫、尖刻，我以为这并不是因为我错过了什么，而是因为我没有珍惜我已经拥有的。我以为，每个人的工作都是令人烦恼、疲惫和尖刻的，而且很多人的收入和福利都远不如我，我有什么资格抱怨呢？我应该做的是想出办法，珍惜我的好运气，忽略那些"愚蠢的"烦恼的感觉。

但卡瑞的问题使我强烈地意识到，创造机会使自己变得更快乐，这意味着要改变自己的生活。但是如果要拿我已经得到的东西去冒险，我就不愿意去做出改变。带着一种意气消沉和懦弱的感觉，我陷入了睡眠。

第二天早上，这个问题依然纠缠着我，因为我真的不喜欢我已经得到的东西。也许在别人看来，我得到的东西很了不起，但是对我来说，它们至多也就是让我觉得自己活得人模狗样。我只是这么将就着过，而不愿意费心追寻更大的快乐。我从来没有想到自己会是这种将就过日子的人，所以当我意识到我恰恰就变成了这种人时，这对我来说确实是一个冲击。没过多久，我便辞去了我的工作，创办了自己的公司。我喜欢我现在的生活——我每天都会冒险，为的就是保持这样的生活方式。

如果我们连自己都不能领导，我们又如何去领导别人。成长为富有成效的个人领导者的关键在于，诚实地问自己："在我生命的哪个领域我已经变得安于现状了？"你对自己的工作安于现状？婚姻关系呢？你的身体状况呢？或者仅仅是保持希望和乐观主义？**领导力就是要有勇气做到对自己诚实，了解在你生命的哪个领域你已经安于现状，然后要采取行动，确保你一天都不会再继续过那种生活。**

我才不在乎你年纪有多大，你还太年轻，不应该安于现状。

今天你可以践行勇气的五种方式

1. 主动尝试被拒绝三次。

2. 坐下来认真想一下，你用来定义自己是否取得成功的那份任务清单上面写了什么。问问你自己："这份任务清单是我写的吗？"

3. 做某些需要五秒钟不同寻常的勇气的事情。

4. 问问你自己："在我生命的哪个领域我已经变得安于现状？"把答案告诉你的一个朋友，让他监督你自己做出改变。

5. 某人持有一种不被普遍接受的观点，而你觉得那是对的，你要大声说出来以示支持。

要让勇气运作起来，你可以问自己这些问题

- 今天我做过什么事情，它可能不会成功，但无论如何我都会试一试？
- 我今天做过什么事情是我很害怕的？
- 我今天做过什么事情是我想要逃避的？
- 我今天做过什么事情是我会因为自己做过尝试而感到骄傲的？

10. 赋能

定义： 致力于成为他人成功的催化剂。

问题： 我今天做了什么以推动别人实现他的目标？

德鲁·达德利的问题

在一所知名的商学院，我刚刚结束了一次演讲，这时候有个年轻人走上前来，对我说道："德鲁，今年是我第三次来听你的演讲了，我非常喜欢你讲的故事。"

我冲他一笑，以示谢意。但他接着问："你想知道你什么地方做得不对吗？"

当一个陌生人说你有什么地方做得不对，你应该不会随意打发掉，于是我请他继续说下去。

“你从来不告诉别人应该怎么获胜。”他说道。

我有些困惑了，就问他："对不起，获胜什么？"

他翻了翻眼珠，看着我，以一种恼火的语气说："得了吧，我们不就是在玩一场人生游戏吗？从一开始我就知道，有某个人会给我打一个分数。我的意思是说，如果不是为了确保处在顶层的人拥有底层的人所不具有的东西，为什么他们要给我们评定分数和等级呢？金钱就那么多，工作岗位也就那么多。如果我得不到它们，就会有别人拿走它们。仅仅是告诉我们说，外面的世界比我们想象的要温情，这对我们没什么好处。你做的事情无非就是让我们振奋起来，然后却在游戏中遭到失败。如果你真的想帮助我们，就别那么干了，你要告诉我们怎么才能赢。"

说完，他就扬长而去。

我惊呆了，不过他说得对。在我的演讲中，我从来没有花时间告诉别人如何在游戏中获胜。但是现在我要告诉你获胜的绝招了。

那就是别玩游戏。在游戏中根本就没有赢家，只有那些被打败的人。把生命看成一种游戏，有赢家和输家，这是一种稀缺经济的思维，你得到任何东西就意味着留给我的变少了。正是这种思维造成了许多我们为之感到羞愧的事情：贪婪、嫉妒、剥削别人以建立帝国、从小时候游乐场就开始霸凌别人然后一直延续到成年后董事会的会议室里。

但真正的领导者会选择生活在充裕经济中。**在稀缺经济的观念中，注意力总是集中在利润上**。在充裕经济的观念中，注意力则总是集中于价值。领导者寻求的是价值，而不是利润。

充裕经济认为，即使外面的世界只有那么多工作和金钱，但只要我们能够把满足感、自尊和快乐与我们的支票本和职位头衔区分开，那么我们所能够获得的满足感、自尊、快乐都是没有限制的。

充裕经济思维不认可这样的观念，即"要得到快乐就要获得自由，要获得自由就要获得金钱"。这种错误的观念教导着一代又一代的人去追求金钱和工作，把它们视为自己生活中最重要的目标。我也曾经是其中的一个，而且非常擅长这一点，但实际上我却非常不快乐。我每天去上班，目的都是给我的老板留下好印象，希望他们会给我人生的目标。我要靠别人来帮我制定我的人生目标。但拥有充裕经济思维，你的观念会发生变化，金钱和工作只是粗鄙的生活目标，因为你无法掌控其中任何一个。

你努力工作、表现出色总是决定着你能赚多少钱。不过，只要你是在为别人工作（我们必须承认，我们当中的绝大多数人将耗费生命中的大部分时间为别人工作），那你能赚到多少钱都是由别人来决定的。如果你得到了晋升，得到奖赏或者是其他方式的认可，被赋予了更多的责任或者是一个更高的职位，这只不过是因为别人有权力给你这些东西。

使我们最为基本的生活目标服从于别人的一时兴致，这会极大地降低人们的自信心。所以当被问到自己是否领导者时，只有很少的人会举起手来，原因就在于此。他们自己在生命中所追求的东西——那些他们相信会使自己快乐的东西——全都来自别人的给予。生活在这种现实当中，当然很难感觉自己是个领导者。但是你无须辞职、卖掉房子，或者到某处去寻找心灵的启迪就可以改变一点。

增添价值

当你对自己说"我再也不去追求那些由别人派给我的目标"时，当你转为追求下面这个目标时——为你每一次的人际互动增添巨大的价值，你就会取得个人的、财务的和事业上的成功，并生活在充裕经济中。

"增添价值"是我的建议，我愿意和任何一个人分享，只要他愿意听；不过也许有人在我的演讲中从头坐到尾，只不过是为了得到一顿免费的伙食。**想生活在充裕经济中，增添价值是关键**。想取得事业上和婚姻关系中的成功，增添价值是关键。想创造出更多的领导者、使更多的人能够轻松自如地称呼自己是领导者，增添价值是关键。

如果你想翻白眼，请便。我认为"增添价值"会像"协同作用""个人品牌"或者"游戏化"一样成为固定用词。我花了很多时间努力创造出这个词。这个词真的非常贴切，所以我打算解释一下它对我有着怎样的特殊意味。

增添价值意味着要找到一种方式，在每一次互动中给予别人一些东西，那是他们不知道自己需要的东西。它意味着要提高技能和远见，目的是在别人做出努力时能够提供更多的资源和支持。这就和我们一直以来的本能不一样了。我们一直习惯致力于发现老师、教授或者老板想要什么，然后照单给他们，然后你才会过上轻松自如的生活。不过，这样做，你就绝不会成长，你也绝不会自由，也绝不会成为领导者。要得到这些东西，你就要努力去给别人他们自己都不知道自己需要的东西。

增添价值意味着不再问"为了得到一份好工作，我必须做什么"或者是"为了比我周围的人更有光彩，我必须做什么"。增添价值意味着问："我怎样才能成为那种精通工作的人？"以及"我需要做什么才能使我周围的人变得更有光彩"。

如果你问的是"我必须做什么"，你关注的其实是如何讨好其他人。但如果你问的是"我需要做什么"，关注点就转向了你对自己的期待。这代表着一种思想观念的根本性转变——你如何理解谁才是你需要用自己的生命去使之满足的那个人。

真正的领导者并不把工作和金钱当成目标。与之相反，他们认为任何人只要能够增添价值，自然而然就会得到工作和金钱。把你的精力、时间和注意力放在怎样才能增添价值上，而不是怎样赚钱和得到工作，这要好得多。转移你的关注点吧，这是一次信念的飞跃。这种飞跃已经通过各种我能够想到的方式给了我回报。这种回报你也可以获得，只要你经常思考这样的问题："我所追寻的目标真的是靠强求能得来的吗，还是只要我善于增添价值它们就会自然而然地来到我的身边？"

生活在充裕经济中，关注增添价值，这并不意味着你要放弃你的梦想，比如商业上的成功或者是个人财富等。生活在充裕经济中并不意味着你不能关注利润（相信我，我自己就关注利润）。充裕经济意味着，你承认利润只是价值的一种类型，任何人只要是增添了最大的价值，也就不可避免地获得了最大的利润。这不只是金融意义上的，同样是情感上的、社会上的、心理上的和精神上的。

也许你自己没有意识到，但是每天晚上大脑都会和我们一道审视我们的目标。如果你的目标是金钱，每天晚上你的大脑就会问："嗨，我富裕吗？"

如果你的目标是令人尊敬的职位头衔，每天晚上你的大脑就会问："嗨，我今天得到晋升了吗？"

如果你的目标是比别人更闪耀，每天晚上你的大脑就会问："是不是大家都承认我在工作上是最棒的？"

对绝大多数人来说，这些问题在你脑子里每天晚上所能得到的回答差不多都是否定的。如果你的心灵日复一日地告诉你，你并没有实现自己的目标，它一定会对你产生负面影响的，你会变得尖刻、喜欢嘲讽、易怒。这样你会变得越来越不会增添价值，于是你得到的东西也就越来越少。

把你的目标定成这样——为你的每一次人际互动增添巨大的价值。于是每天晚上当你回答"今天我增添了价值吗"，都将会是："是的，就像昨天和前天一样。"（至少当你运用了本书所说的办法之后，确实就会如此！）

当每天晚上你都可以确认自己完成了这个最主要的目标，这会改变你的自我感知，也会改变你与其他人互动的方式。它会使你变得越来越善于增添价值，于是你会得到更多你想从生活中获得的东西。这会让你成为日常生活中的真正领导者。

也许这听起来有种不现实的利他主义（并非不现实，而是很难——别搞混二者），但其实这并非完全是一个无私的过程。承认某个人会给别人增添价值，这不可避免会给他带来个人和专业上的好处。

在另一所商学院，到了演讲的问答环节，有位教授要我说出我职业生涯中"某个变化最大的时刻"。这是一个我从来没有思考过的问题，我花了很长时间寻找答案，大厅里一片沉寂，现场每个人都略感尴尬。但最终我找到了答案。

"你知道吗？"我说道，"说到我职业生涯中变化最大的时刻，可能当时我自己并不在现场。"

我想不出来哪个时刻是我职业生涯中变化最大的时刻，但是很有可能是这样的时刻：一群人在开会决定给我一个机会，而我本人并没有在这个会议现场。也许正是一群人决定让我进大学读书。在那里我遇到了很多人，他们塑造着我的思维方式。也许正是一群人决定选择我，负责他们的（也是我自己的）领导力发展项目。大概也正是有一个群体给了我机会，让我在多伦多的 TEDx 演讲中与听众分享我的"棒棒糖时刻"的故事，这个群体选择了给那次演讲摄像，并把它放在了世界上最流行的视频网站上。我们一生中的许多机会都是由别人来控制的，所以最好是让我们的生命赋予别人以力量。人们总是会记得谁曾经帮助过自己。

记住，试图超过别人，倒不如使自己变得不可或缺。如果你有一种技能或者学会了一种技能，使你能够在某个组织中超过其中 90% 的人，你的收入很容易达到六位数。但是，如果你能成为这样的人，使得每个与你一起工作的人都能够超过那些没有和你一起工作的人，那你就是一个不可或缺的人。

怎样使你自己成为不可或缺的呢？什么样的问题能够保证让你每天至少做一件事，来给他人增添价值呢？对我来说，答案来自一辆出租车的后座上。

提供你的服务

荷鲁斯在做司机之前，当过 27 年的老师。也许正是出于这个原因，在我们前往新奥尔良的法国人聚居区的路上，他似乎很急于和我分享他的故事。

"当我们第一次在伊拉克开战的时候，"他开始说道，"有天早晨，我记得我拿起一份《今日美国》，读到一个死于战场的年轻人的故事。故事里提到，他在身份牌的背面刻了点东西：约书亚记 1:9。"

"你听过约书亚的故事吗？"他问我。

"我肯定听过，但现在都忘光了。"我回答。

"好吧，长话短说。"他说，"约书亚被他的民众选作了领导，上帝给他指派了很多似乎不可能的任务作为挑战——明显超出了他个人能力，或者坦白地说，甚至都超出了所有民众加在一起的能力。不过任何时候，只要充满勇气，相信伟大是有可能的，伟大的事情就会发生。"

"在《圣经》的"约书亚记"1:9 当中包含着什么特殊的讯息呢？"我问道。

"我岂没有吩咐你吗？你当刚强壮胆！不要惧怕，也不要惊惶，因为你无论往哪里去，耶和华你的神必与你同在。"荷鲁斯立刻背出了这段话。

"所以，我的感受是，"他从车里的后视镜里看着我，"别低估自己成就伟大的可能性。当然作为个体，我们是有限的，但是作为集体，我们则是无限的。只要我们能够彼此分享，我们就能够提高我们给予的能力。

"现在，"他继续说道，"太多的人不愿意和其他人分享了，因为他们觉得外面就那么多东西，他们想在别人获得那些东西之前，尽可能多地先得到它们。他们认为，要成就伟大，占据的东西越多越好，直到他们觉得自己生命中再无缺失。也因此，很多人觉得自己并不伟大，因为很多东西都是有'缺憾'的。所以，他们继续到处搜寻，想要牢牢抓住从别人那儿得到的东西，心里告诉自己说不定那东西正好可以弥补自己的缺失。

"但是事实却是，"他说到这里，身体微微后转，这样就能够用眼角的余光看着我，"在你生命中的此时此刻，在这个世界的此时此刻，每样东西都是可以获得的。没有什么东西是缺失的。你已经拥有了成就伟大所需要的每件东西，所以你必须好好生活，现在就好好生活。

"如果此时此刻，你并没有珍惜所有，好好生活，你就再也不会得到或被给予更多的东西了。你不能以缺失了某些东西为借口，就消极等待，而不去努力实现自己的伟大。要接受你每天所得到的每件东西，因为这是你自己能够成长的唯一方式。"

他停顿了一会儿，继续说道：

"德鲁，你命中注定要成就伟大。我们每个人都命中注定要成就伟大。你的伟大正等待着你去实现。但是，就像你想获得的任何东西一样，你必须先提供某些东西才能有所成就。"

当车子停靠在旅馆旁，他最后看了我一眼。

"德鲁，为了成就你的伟大，你必须提供服务。你提供你的服务，就会得到你的伟大。"

"'提供服务'是什么意思？"我问道。

"任何时候，如果我们帮助别人更接近他们自己的目标了，我们就是在为他们提供服务。"他回答道，"对许多人来说，他们的目标可能和教育、工作或者才能有关。不过，我来告诉你吧，你能够帮助别人实现的最重要的目标是那些和他们的尊严有关的目标。人们需要被关注，需要被理解，需要那种和其他人有着联系的感觉。这个世界上有太多的人没有实现这个目标了。"

他从车上下来，快速走到另一边来为我打开车门。当我走出来时，他拉着我的手，继续说着他所思考的这一切。

"如果你想要提供你的服务，德鲁，那就帮助别人去实现一个目标。如果你还不知道怎么做，那就花点儿时间看看别人、倾听别人或者与别人建立联系。"

说完这些，他给我来了一个大大的熊抱。

就是在那一天，我的"零起点领导力"哲学中关于如何实现"赋能"这一价值的问题就成形了：

我今天做了什么以推动别人实现他的目标？

今天你可以践行赋能的五种方式

1. 问问你自己："在我生命或者职业的早期，我希望得到别人怎样的帮助？"为别人也做同样的事情。

2. 在你的领英社交好友中挑选一人，为其提供担保。

3. 随机为 Kickstarter[①] 或者 GoFundMe[②] 上的某个创意捐助五美元。

4. 当某人不在时，谈论他的优点，要保证他的老板、同事或者有影响的某个人能够听到你所说的。

5. 要做"净友"——就是那种为了朋友变得更好而直言不讳的人。

要让赋能运作起来，你可以问自己这些问题

- 我今天做了什么以推动别人实现他的目标？

- 我今天怎么做可以使别人更加强大？

- 今天我怎样投入我的服务？

- 今天我做了什么，使得别人更具光彩？

[①][②] 美国的一种众筹网站。

11. 成长

定义： 致力于提升能力，以增添价值。

问题： 今天我做了什么使得别人有可能学到些东西？

赋能 vs 成长

如果说赋能这种价值观念指的是为他人增添价值，那么成长这种价值观念指的就是你要有能力做到这点。

成长就是提升能力，以增添价值。任何时候，只要你的目标是提高你自己或者是别人自我改进的能力；任何时候，只要你的所作所为起到了促进学习的作用；任何时候，只要你能够回答这个问题：我今天做过什么使得某个人更有可能学到些新东西；那么，你就都是在体现成长。

当我们还是孩子的时候，成长往往发生得很快，我们甚至都无须有意识地去采取行动。我们习得语言和各种社会规范，却无须有意识地对自己说："我会在这个社会中度过一生，所以我最好了解下如何做到。"你还会发现，随着年龄的增加，你会一点点长高，这也无须你为此专门做点什么。当我们还年轻的时候，成长经常自然而然地就发生了。

但是随着我们年龄的增长，如果还想要保持住积极成长的步伐，那就需要有意识地制订计划并付出努力。我们的生活很容易就充斥着那些让我们变得十分忙碌却不会让我们成长的事。在这样的情形中度过很长一段时间后，不仅使你很难视自己为领导者，还会使你很难意识到自己的重要性。我的成长激励问题来自我第一次直面自己的时候，那是在 10 年前那趟我思考人生转型的火车之旅中。

"不是每本书都包含着故事吗？"

出发的时候，我本打算在火车上的两个礼拜不去和任何人说话。工作摧毁了我，我一直期待的就是躲进我的小车厢里，切断和外界所有人的联系。我告诉自己，这次火车之旅是一个绝妙的机会，还可以一个人静静地读完成堆的书和文章。

火车行驶没多久，我来到了列车最后面的休息室。我高兴地发现这里非常安静，于是就待在里面开始看书。结果没过几分钟，一个七八岁的小女孩闯了进来，她把手臂像机翼一样张开着，开始在车厢里到处跑。她穿着嫩黄色的上衣和黑色裤子，有点像是一只咧嘴大笑的大黄蜂。大概在车厢里跑了三圈之后，她冲到入口处，消失不见了。

过了十分钟，她又回来了，又在车厢里默默地跑了三圈，然后又一次消失不见了。最终我意识到，这个小姑娘是在火车上玩"兜圈圈"，沿着中间的过道从一个车厢跑到另一个车厢，前前后后，一次又一次地来来回回。最终，跑了三四轮之后，她在我边上的座位上突然坐下来。这节车厢没有其他人，而她偏偏选择坐在我边上。这让我有些惶惑，因为那个时候的我还没有什么跟小孩子打交道的经验。我自己没有孩子，我的绝大多数好朋友也没有。这倒不是因为我不喜欢孩子，而是因为我很害怕把带孩子这事搞砸了。然而，现在我边上坐了个小姑娘，一边笑着，一边在座位的边缘晃荡着她的双腿。

"你好！"她欢快地说着，"我叫艾莉森！你呢？"

"你好，艾莉森。"我的视线只是稍稍从书本上挪开了一点，瞥了她一眼。我这么做是想礼貌地暗示她，其实我不想和任何人交谈，"我叫德鲁。"

"你在读什么呀？"她问道，完全没有被我吓到。

"就是本工作方面的书。"我回答道。

她的眼睛睁得大大的。"你只要看书就可以工作？"她难以置信地问道，"我爸爸都得去办公室呢！"

我忍不住笑起来。"是啊，"我说道，"我估摸着，我确实是为了工作在读书！"

"你真幸运，"她微笑着，"我喜欢读书。你这本书讲的是什么故事呢？"

"哦，"我略带难为情地看着手中这本干巴巴的、充斥着理论的书，"我猜啊，其实这本书里面没有故事。"

"不是每本书都有故事吗？"她困惑地问道。

"并非如此，"我回答道，"有些书里是……知识，我猜。"

她把头歪向我这边："难道故事里面没有知识吗？"

这就是和小孩子们交谈让我觉得很不踏实的地方。但我可不想敷衍这么可爱的小姑娘，让她觉得她读过的故事根本不是知识！

"哦，当然是的！"我赶紧说道，试图弥补我说的话，"其实我曾经遇到过一个很出色的人，他告诉过我，'故事才是人类理解能力的最基本的部分'。"

话一出口，我就觉得自己像个傻瓜。什么"故事才是人类理解能力的最基本的组成部分"云云，对这么小的女孩来说肯定有点儿超前了。

艾莉森若有所思地停顿了一会儿。最后，她抬起头，非常肯定地点了点头，对我说："我觉得你的这位朋友非常聪明。"

我忍不住笑了起来。此前我还从来没见过这么自信、老练的孩子。

"我觉得你说得很对。"我笑着说道，"我能问你点事吗，艾莉森？为什么你在火车上跑来跑去的？"

"哦，"艾莉森看起来非常失望，因为我没有问她更加具有挑战性的问题，"我跑步是为了提醒我自己呀。"

"提醒你自己什么？"我问道。

"是这样的，"她说，"我爸爸妈妈说我的心好大。他们说我的心比我待过的任何一间房子都要大。"

"挺好啊，"我说，"我认识很多人都是这样的。他们可以交到很多好朋友呢。"

她笑了起来："对呀。那你觉不觉得火车就像一条长长的过道？"

"这样啊……对的，我也这么觉得！"我回答道。

"对呀，既然我的心比房间大，那就肯定也比过道大，"艾莉森解释道，"所以任何时候只要我觉得我被困在某个地方，它还不够大，不能完全容纳我的心，我就奔跑。我奔跑是为了提醒我自己，只要我愿意，我就永远是自由的。"

当她说"只要我愿意，我就永远是自由的"的时候，那种理所当然的语气深深地影响着我。我最后一次陶醉于自己的自由是什么时候？最后一次我提醒自己我的生命最终由我自己控制又是什么时候？又是从什么时候开始我忘记了，虽然我通常不能决定自己每天做什么，但是我总归能够决定我是谁？艾莉森这简单的一句话让我想到，在工作和生活中，我曾经是个充满热情、外向、生机勃勃的人。但现在我已经不再是原来那个我了，可归根到底这是我自己的选择。

"你知道吗，艾莉森？"我说道，面带微笑，"坦率地说，很久以来我都没有感觉这么好过了，你刚才说的话让我非常高兴。它使我想到，也许困扰我的东西是我的心太大，大过了我在里面度过我很多时间的地方。"

艾莉森从椅子上跳了下来，看着我，其目光之坦诚几乎是大师级别的了。然后，她慢慢地说着，似乎是在仔细地斟酌字句："德鲁，我没有冒犯你的意思，不过我觉得一个人会去读一本里面没有故事的书，他的心不会比过道更大的。"

她笑着说完那些话，把手臂张得大大的，绕着车厢跑了三圈，消失不见了。

我不知道快乐的本质是什么，但是如果在你认为自己是什么样的人和你实际的所作所为之间出现鸿沟，你肯定会变得不快乐。艾莉森短短几句话使我意识到了我生命中的鸿沟。我一直认为自己是那样的人，会和别人沟通，为他们增加价值；是那种会把握任何机会学习和尝试新鲜事物的人；是那种不会让生命白白流逝的人。

然而，实际上我订了一间单人卧铺车厢，然后发现一节车厢空空无人，我居然很开心。我的计划是在整个旅行中都避免和别人交谈，埋头读书。我自以为是个愿意倾听和分享故事与经验的人，而实际上我在这趟旅行中不仅避开了那些有好故事的书，而且避开所有和其他人发生联系的可能。在我以为的和实际的行为之间，恐怕不会再有更大的差别了吧。

领导者会以很多方式产生，正是那个小家伙使我明白了，如果我真的打算在旅行中"充电"，我需要重新思考我想成为什么样的人。我必须跨越那条我的自我感知与我的所作所为之间的鸿沟。

于是，在接下来的旅行中，我成了火车上的"这种人"：他会自话自说地坐在你身边，提出想倾听你的故事。他会在用餐时和陌生人坐在一起，去其他车厢买饮料，并且相信每个人都有自己的故事，会对我有启发。从那天开始，我第一次提出了那个与成长联系在一起的激励自己的问题：我今天做过什么使得某个人更有可能学到些东西？那天深夜，这个问题就教给了我第一课。

有朝一日的领导力 vs 接下来一天的领导力

"他工作了 35 年才终于退休摆脱了办公室，可你看现在他又不得不谈工作了。"卡米拉以一种假装生气的口吻说道。

几小时前我回到车厢，和卡米拉以及她的丈夫阿尔伯特一起喝了一杯。我踏上这次旅行的时候是 32 岁，阿尔伯特和卡米拉在一起生活了也差不多这么长的时间。在快 30 岁的时候，阿尔伯特创办了一家公关公司，并花了超过 30 年的时间精心打理。不过，一旦退休，他们可没浪费一点时间，退休后还不到一个礼拜，现在已经是他们一起外出旅行的第三天了。

受到与艾莉森交谈的启发，我买了两杯葡萄酒，做了自我介绍，问他们我能否加入他们。没过多久，阿尔伯特就开始讲述他担任总裁和 CEO 的经历。不知不觉我们就这样交谈了两个小时，使得卡米拉发出了委婉的提醒，也许是时候换个话题了。

"好的，好的！"我大笑起来，"再问一个问题，然后再也不谈工作了。"

卡米拉装作瞪了我一眼，然后点点头表示同意，带着难以掩饰的笑意。

"你领导公司这么多年，你觉得关于领导力的最重要的经验是什么？"我问阿尔伯特。

"我学到了'两种领导力'。"阿尔伯特回答道。

我疑惑的表情让他进一步加以解释。

"我在公关行业工作了 35 年，"他说道，"我渐渐意识到，我的工作有时候是要打造一个品牌，有时候则是要挽救一个品牌。当你要打造一个品牌的时候，你会有一份计划，然后你的工作主要就是控制它如何以及何时实施。不过，通常总是会发生某种危机。总有些人会干出蠢事或说出蠢话，把本不该搞糟的事情搞糟了，要不就是大大小小的事情中任何一个出了错，危及了你的控制。你得尽自己所能为可能发生的危机制定方案，因为一旦它们发生了，主动权就几乎不在你手上了。

"领导力也是这么回事。"他继续说道，"我把领导力分成两种：有朝一日的领导力和接下来一天的领导力。"

"有什么区别呢？"我问道。

"'有朝一日的领导力'是一种战略性的领导力，"他说道，"它是一种视野，展现出'有朝一日'你想到达何处，为了在那天达到你的目标而制定的时间表，以及为了实现目标而制订的计划。"

"所以，你指的是视野和使命。"我插了句话。

"对的。再加上战略性目标、时间表、手段以及为了达到目标而制定的指标。"他一边点头，一边说道，"另一方面，'接下来一天的领导力'则总是在危机发生了，不得不进行简化时，开始采取的行动。它意味着要在极短的时间里评估大量信息，迅速排除次要信息，把握关键信息。不能再期待着实现'最好'，而必须专注于'在此时此刻做到最好'。这也正是这种领导力的名称的由来：它关注的就是怎样安全活到第二天。

"每个成功的组织和个人都非常精通接下来一天的领导力，"他继续说道，"以至于它成了你啥也不干的借口，而组织也会因此陷入困境。不要让接下来一天的领导力成为你的领导方式。你觉得反正这事我处理起来会很快，所以就到时候再说吧。无论你运用起来多么得心应手，'简单快速'都不能成为你拖延做事的理由。如果你让它成了你的第一选择，所有你关注的东西都只是在消耗现在，空等明天的来临；而当明天来到了，你所做的也全是在清理前一天留下的满地鸡毛。"

为了兑现我对卡米拉做的保证，我向阿尔伯特表示了谢意，返回我的卧铺车厢。他把领导力分成两种的想法一直在我脑海里回响。他说得很对：我们经常为自己能快速处理问题的能力感到骄傲，因为危机发生时，我们有能力快速透过现象看本质，高效解决它。然而，**真正的领导力是这样的：在没有危机时，你是怎么做事情的。**

一般的领导力是建立在"只要知道必须知道的事情"的基础上的："只需要告诉我，为了完成这件事我必须知道的事情，我可没工夫去处理其他事情。"你不能在这种基础上进行领导。靠这种方式，你或许能处理事情，或许也能维持现状，但是你不可能依靠它来实现领导。在接下来一天的领导方式中，被你忽略掉的事情常常包含着重要的信息，而这正是实现长久的积极变化所需要的——正是领导力的全部内涵。如果在非危急时刻，每次你也习惯性地忽略它们，你就是在毁掉自己，让自己陷入危机和不能成长的无尽循环当中。接下来一天的领导力确实是一种很重要的技能，但是关键在于要有所警觉，不能让它成为你推诿拖延的理由。

不过，我一直有种难以摆脱的感觉，阿尔伯特对领导力做的两种分类中还遗漏了些东西，他缺乏对日常生活中的领导力的理解。第二天午餐的时候，我又和他们坐在一起，给他们讲述了我那个"棒棒糖时刻"的故事，并解释了它如何帮助我形成了对领导力的新的认识，即关注于在日常的人际互动中产生积极的影响。我问阿尔伯特，在常常触及道德底线的残酷竞争的商业世界当中，是否也容许这种领导力概念存在呢？

"毫无疑问，"他回答道，"我认为，**真正的领导力就是要使别人清楚地认识到，你想要给他们的生活带来积极的影响，而且你很愿意为之努力**。我的绝大部分员工都没试图抢走我的饭碗，但是他们确实期待有朝一日能够像我一样。我可不把这个视为一种威胁。我觉得，我为公司所做的最好的事情就是使每个为我工作的人都明白，我很关心他们的成长，正如我关心我自己的成长一样。我不想生活在身边有一群人始终想着也许有朝一日能够打倒我的环境中。我想创办的是这样的公司，里面的每个人都有能力，能替代我工作，这是好事。"

领导力的一个关键层面就是要弄明白，如何做到每天传达出阿尔伯特的这个观念：你关心你身边人的成长，正如你关心自己的成长一样。当你发现机会了，能够帮助别人，这还不够，你必须成为一种促进因素，既能够创造出这样的机会，也能够为他人提供帮助，使他们为自己去创造机会。

有各种各样的书和各种各样的演讲者在谈论如何打造更好的团队。按我的经验，如果你的使命是创造出更好的团队成员，那就让它自发地产生吧。忘掉权力、命令和控制：**要让大家觉得，在你身边，他们会变得更好，那他们就会愿意追随你前往任何地方。**

在我和艾莉森交谈之后的几天里，我尽可能多地搜寻着人们的故事。我乘坐的是头等车厢，里面的绝大部分乘客都相当富裕，所以他们的经验和阿尔伯特的很相似，他们的故事主要都来自领导组织和创办公司的经验。我在火车上的体验就像是一个微型的小世界，而折射出的则是在更广阔的现实社会里，那些关于领导力的经验是如何形成的。来自拥有金钱、头衔、声望和影响力的领导力，这确实也是一种形式的领导力，但我希望你能够认识到的是，对于领导力的界定不能止步于此，展现领导力的形式有很多很多种。让我认识到这一点的是一个名叫帕蒂的酒吧侍者。

为什么你会乘这趟火车？

与阿尔伯特交谈过后几天，我来到餐车，向帕蒂点了杯酒，然后坐在了我习惯坐的位子上。不一会儿，帕蒂给我拿来了酒。她问我："德鲁，如果我回答一个你并没有问过我的问题，你会介意吗？"

我有些迷惑，问道："你什么意思？"

她笑了起来，还有一点尴尬，说道："是这样的，在这个地方很难做到不偷听人们的交谈，我希望你不会介意。不过我发现，在过去几天里你和别人进行的交谈非常有趣，所以我偷听了一些。"

"我一点儿都不介意。"我笑了起来，"反而我觉得非常幸运，我居然还有机会被别人偷听。"

"那就好。"她说道，"不管你在和谁交谈，在谈话的某个地方你都会问他们在生活中学到的最重要的事情是什么。不知道为什么，这个问题一直围绕着我，所以我也想了想我自己会怎么回答它。我知道，我只不过是个酒吧里的服务员，不过我能不能告诉你，我是怎么想的？"

在那个时候，我还没有发现"只不过……"这个词的重要性，所以我得承认我错过了一次展现领导力的机会，当时我只是简单地说道："当然，我很乐意听你说。"

帕蒂飞快地看了一眼其他顾客，把我的酒放在桌子上，然后坐在我身边。

"好吧，我想先问你一个问题：为什么你会乘这趟火车？"

"你想说什么？"

"想要四处旅游，有很多种方式要比火车更快，也更便宜。为什么你要选择乘这趟火车？"

"哦，是这样，"我回答道，"我想穿越加拿大。这是我一直都想做的事情。"

帕蒂笑了起来。

"这份工作我已经做了 23 年。我发现，通过观察人们怎么回答这个问题，你可以了解对方的很多东西。有钱的人会准确地告诉我，他们要去哪里；有趣的人则会告诉我他们去过哪里。至于最快乐的人呢？他们会告诉我，他们前往的方向。

"所以，我学到的最重要的事情是什么呢？"她继续说道，"我们在生命中要想有所收获，关键要理解这三件重要的事情：你想要去哪里；为了去那里，你要朝着哪个方向走；途中你会在哪里停留。"

"好玩的是什么你知道吗？"她一边站起来，朝着吧台走去，一边评论道，"我早就知道这些了，但是直到我听到你在问，'你学到的最重要的事情是什么'，我才意识到其实我早就知道这些。"

她大笑了一声："我从没告诉过我的孩子们这些事，这不太好。"

直到我听到你在问……我才意识到其实我早就知道这些。

她的话给我带来两点启发。首先，她让我的成长激励问题有了点变化，我把"今天我做了什么使我更可能学到某些东西？"变为"今天我做了什么使得别人更可能学到某些东西？"。在某些日子里，成长的是你自己，而在另一些日子，你可能就成了促进别人成长的因素。重要的是成长的价值就是通过促进学习而得到体现。

直接提供答案往往并不是帮助别人学习的最佳方式，好的问题才是一份好礼。精心地构思你的问题，使得思考问题的过程本身就是一种学习，并能通过这个过程学到东西。**不是答案本身，而是追寻答案的过程会让人变得更好**。问"为什么你重要"这个问题并非意在获得答案——而是意在告诉人们，他们自己并没有答案。当他们跟随着问题，问他们自己为什么是这样时，他们就已经是在学习了。

　　领导者并不比任何人知道更多的答案，但他们懂得问问题，倾听更多的故事。故事确实是人类理解能力的基本组成部分，当我们愿意不停地倾听新的故事，同时也愿意讲述我们自己的故事时，我们就会理解自我或者相互理解。但是，我认识的很多人都既不愿意也没有能力讲述他们自己的故事。他们认为，比起别人的故事，他们自己的故事无聊、愚蠢或者是无足轻重。想成长为一个领导者，你就要认识到，你的故事很重要，并逐渐了解到它可能带来的启发。**学会一件东西的最佳方式就是教授它**，所以如果你想更好地理解自己的故事，你应该自己问自己："我的故事能够教导别人些什么呢？"

　　第二个启发是：当帕蒂告诉我，"直到我听到你在问……我才意识到其实我早就知道这些"，我开始致力于找出一种新的领导力工具，想出一个能够引导别人说出他们的故事的问题。提出一个令人难以抗拒的问题，使被问到的人开始搜寻答案，并表达出自己睿智的观点，而这点是他们此前都没有意识到自己其实早就已经知道的。好的问题会让你在提出的时候，既成为老师，也成为学生。"我今天做了什么能使别人更可能学到东西？"，怎样才能有效地驱动一个人去回答这个激励成长的问题呢？

　　我意识到，答案就藏在帕蒂说的最后那句话里："我从没告诉过我的孩子们这些事，这不太好。"

由此，一个床边的问题诞生了。

床边的问题

想象一下，现在是你儿子或女儿待在家里的最后一个晚上。明天他／
她要去学校、结婚成家或者是为了他／她的第一份工作而搬走。你正路过
他／她的房间，他们喊你进去。当你坐在他／她床边的时候，他／她抬头
看着你，问道："妈妈／爸爸，你有什么最好的人生建议要告诉我吗？在
你的幸福人生中，哪一项经验起到了最大的作用？"

你会告诉他／她什么呢？这就是床边的问题。

床边的问题是我的破冰器。我用它引导别人讲出自己的故事。我既是
在为自己求取经验，同时也是在帮助别人搞清楚他们自己的故事对别人能
够有什么样的助益。我曾经在飞机上问过，在火车上问过，也在公共汽车
上问过。我问过 CEO，问过孩子，也问过流浪汉。在每次的晚餐宴会上，
在大多数咖啡厅的约会里，我都问过这个问题。它成了我个人成长的源
泉，不断地提醒着我，领导力的洞见可以来自任何地方。

对我来说，床边问题可以用来回答我的零起点领导力哲学中与成长有
关的问题。请记住：**伟大的领导者之所以与众不同，并不是他知道所有的
答案，而是因为他能够提出有力的问题，使得提出和回答问题的人都能够
学到东西。**在过去的岁月中，我所获得的一些最有启发性的关于领导力的

建议来自火车上那个七八岁女孩提出的问题，并经由一个酒吧侍者而得以完善。

我在个人网站上做的活动持续了很多年，每周都有来自各行各业的人会在上面分享他们的观点，深邃的、浅显的、激昂的、欢快的，都有。我在上面学到过"永远不要丢掉一个用过的垃圾桶"，明白"爱是一种紧握"很重要，还有"永远要带上一件游泳衣"等。往往在愚蠢的标题下面都深藏着关于爱和人性之脆弱的故事。当我要求他们说出自己的故事时，不少人最初都觉得这是我提出的一种强制性要求，然而当他们真正这样做的时候，没有一个人不对我说，是我给了他们讲述自我的机会。他们倾注了时间和精力，写出上千字的长文，最后都会因此而对我表示感谢。这就是一个好问题具有的力量，它能帮助人成长。

帮助别人开启智慧，这样做实际上也是在帮你自己成长。有时候你会被你听到的故事深深打动——就像我那样，有一次我读到了一个故事。它是一个名叫斯蒂芙·伯恩斯坦的快乐的歌手和舞者写的。

点石成金的法术

作者：斯蒂芙·伯恩斯坦

我想先说一个小故事，讲讲我是怎么从法国人那儿学到了重要的真理。

"面对着一个荒谬的宇宙——人们缺乏超越性的、标准化的意义——

所以我们不得不为自己创造出意义。"（阿尔贝·加缪《鼠疫》，1947）

六年前，我出门去一家名叫"Not My Dog"的我常去的当地酒吧。我男朋友和我一起，当时他已经醉醺醺的了。那是一个阴冷的星期天晚上，第二天早上我还得早起上班，虽然那是我最讨厌的事情。客厅里还堆着一大堆资料，要把我拖回家去。破事太多了！

那么，还是喝酒好。

当然，喝酒并不能解决问题，但我出门就是为了忘掉即将到来的新的一周。那时，我的日程安排每天都排得满满的。我的衣服也没有拿去干洗。我不善于在公众面前侃侃而谈。我经常在地铁站迷路。至于我的发型，往好了说，也只能算是一只打过架的狗熊。

在我喝第一杯啤酒的间歇中，一位钢琴师未经报幕就走上了临时搭就的舞台（酒吧经常提前准备好的）。他弹得很好，但是远不止于此，他全身上下洋溢着欢快的感觉。没有任何东西可以阻挡住这种欢快。他的头发和眼镜都在跳动，会让你想起《布偶秀》（The Muppet Show）。他弹了几曲爵士乐。我和男朋友装出在附和。不知道这份快乐是来自美妙的音乐还是美味的啤酒，我感到很放松。

酒吧里没几个人在认真听音乐，这时站起来一个纤瘦的女人，她身体发抖，说她终于做好了准备，要"试唱一首歌"。

"就是现在！现在我要试唱那首歌，提姆！"

正在弹爵士乐的钢琴师听了有些目瞪口呆，然后就重重地敲击了三下钢琴。摩斯密码。她敲了敲一个装满啤酒的杯子作为回复。接着这位神秘的女士在星罗棋布的小桌子当中穿行着，唱起了芭芭拉的歌曲《里昂车站》（Gare de Lyon）。这是一首 20 世纪 60 年代的法语歌曲，此前我从没听过。

接下来发生的事情在星期天可难得看到，就像被施了一种神奇的法术，酒吧里的人们停止了交谈，都在听她唱歌。

歌手有些紧张，但是唱得很棒——在这支很难的曲调中，她非常完美地唱出了法语中的喉音。她看起来有点儿情不自禁，然后是心醉神迷。我猜她并非专业歌手——她应该就是个普普通通在酒吧喝酒的人，喜欢法语，突然一下子变得很勇敢。我会说法语，歌词似乎把我哄上了一辆火车，在另一个国家陷入了一场爱情。我变得情不自禁。钢琴依然弹奏着低音，"来吧——拿上你的行李，我们去旅行——"，歌声在空中荡漾。歌手的声音越来越低。她走到钢琴边，恍惚中近乎兴奋，闪耀着光彩。

"来吧，告诉你'我爱你'。就像所有相爱的人一样——"

她走上了舞台，用脚轻轻踢着钢琴打拍子，作为曲终的感叹符。钢琴师和歌手的脸靠得很近。她的脸上流露着喜悦。我们所有人都疯狂了。这是谁？谁安排的这一切？这是今晚的现场演奏会，还是突然发生的？她是哪儿来的？这是什么歌？我们在哪里？我们能订一张去巴黎的车票吗？你想谈恋爱吗？就在里昂车站！怎么谈？

我们鼓掌。我们大声喝彩。太棒了！里昂车站！车站！

酒吧里又安静下来。钢琴师和歌手相互点点头，离开了舞台。结束了。整个事情就此结束了。法术突然停止作用了，炼好的金子裂成了两半，又变回了那个沉闷的星期天的晚上。

我喝光了啤酒。我和喝醉的男朋友步履蹒跚地走回了家。我们唱着爵士乐的拟声部分，你来我往地说着法语，放肆大笑。从这件意外发生的事件中，我学到了三样东西。

1. 接纳混乱。你知道生活像什么吗？踢踏舞。适应性是关键。就像老好人阿尔贝·加缪所说的："接纳我们身边每件事物的荒谬性，这是第一步，是一种必要的经验，但它不应该变成死胡同。它必须激发起一种反抗，从而变得硕果累累。"

2. 在情感上要最大限度地慷慨。尤其是你享受很多优越的条件的时候。同情是一种奢侈品，而共鸣更加是一种罕见的品质。如果你幸运地感受到了上述两种情感中的一种，就沉醉于其中吧。要把共鸣看成情感光谱上的水果蛋糕，是一种双重的美味。

3. 永远不要彻底放弃游戏的精神。对任何似乎已经固化的情境、观点和感受进行重新修饰、创造和拓展。即兴演出。你该怎么训练自己做到这一点呢？大量阅读。去美术馆，那里有你喜欢的绘画、立体模型、雕塑或者照片。让小孩子们和你一起说唱。夸张。如果没吃饱，那就想象一下你已经吃下去 1000 倍的东西。在沙发上跳霹雳舞。用一下午的时间在地铁站观赏某位很棒的街头艺人。学一些歌剧片段。在封闭的停车场唱出来（自带疯狂的声响效果）。琢磨下商业中心的建筑。要用忍者的眼光去琢磨。重放那首歌，伴着它的旋律，你曾经跳了九年的毕业舞会上的最后一个舞。再一次翩翩起舞。给你自己起 10 个绰号。试着重新大笑。在西裤下面穿上装模作样的袜子。大呼小叫。

为什么要这样做？

因为虚构——任何形式的虚构——能够产生很真实的效果，它会教你发现各种各样的可能性。给定一种状况，也许事情并非如我们感受的那么糟糕。如果它们就是那样糟糕，你就需要更极致的想象，才能发现其他的选项。"如果世界变得清晰了，"阿尔贝·加缪说道，"艺术就不存在了。"

尝试一些很难的事情。如果你做到了，就犒赏自己听听流行摇滚乐，或者午睡一会儿，或者是一杯杜松子酒。

在酒吧度过了那一晚之后，又过了一年，我的男朋友死于一次意外事故。

他是一个有很多缺点、疯疯癫癫的学者，在公开场所一直做出奇怪的举动。他会大笑、拍手、大呼小叫。经历过那个火热的夜晚，我们发现生命出乎意料地充满生机，而没过多久他就死了。他的汽车被撞成一堆废铁。我觉得，正是因为接触到了不同寻常的东西，我们才会更快地去寻找各种可能性。我一直都在听爵士钢琴曲。做好了试唱那首歌的准备。

现在我要去睡觉了，做个好梦。

今天你可以践行成长的五种方式

1. 问某人一个床边的问题。

2. 买一本讲随机现象的书（我个人喜欢读《约翰叔叔的厕所读物》），把它放在你家的厕所。

3. 在你桌子上放一盒子刨根问底的问答游戏卡。你和其他人要定期拿出来阅读。相信我。

4. 观看 YouTube 上的某个操作指南视频。别管是关于什么的。

5. 烹饪一道新菜式。

要让成长运作起来，你可以问自己这些问题

- 今天我做了什么使得别人有可能学到些东西？
- 今天我做了什么使我在明天会变得更有效率？
- 今天作为老师，我表现如何？
- 今天作为学生，我表现如何？

12. 升级

定义： 致力于更好地待人接物，超过他们理应得到的，即使你有权不这么做。

问题： 今天我是怎样让事情改善而不是恶化了？

被人铭记的运动员

在我为自己的零起点领导力哲学选定的六个价值观当中，升级是第一个我想使之成为我的个人领导力文化的组成部分。早在我确定什么是个人领导力文化之前，我就知道我想在我的生活中体现出"升级"，而这要归功于一个人：克拉斯·戴维斯。他是凯文·科斯特纳 1988 年在电影《百万金臂》中饰演的一个技术娴熟的投球手。他头发灰白、三十多岁，效力于一支不知名的球队。

我第一次看这部电影的时候才十几岁，到现在则已经看过不下50遍了。我立刻就把科斯特纳扮演的这个人物视为偶像——一个棒球运动员，在他职业生涯即将结束的时候不情不愿地成了一个新投球手的教练。投球手向来是被称为有着价值"一百万美元的手臂和五美分的头脑"的一群人。克拉斯发挥的作用和我一样。他与裁判员争吵，质疑威廉·布莱克的作品，传递着关于生命、爱和竞赛的智慧。在电影的某个地方，克拉斯严厉地惩罚着他的学徒，把发霉的浴鞋朝他丢过去，喊着："你的浴鞋都发霉了，你永远都不可能成为伟大的运动员。"接下来他说了那句经典台词，"思想上一流，你才会成为一流"。这句话在我14岁的心灵中像火焰一样熊熊燃烧。

从那一刻起，我想要成为一流，这个念头超过了其他一切的想法。

领导者会改善形势

我总是没法给"升级"下一个我自己感到满意的定义。但第一天领导力哲学对任何一项价值观都要求有一个清晰的定义。升级的定义来自我以前的一个名叫哈姆扎的学生，当时我们正在讨论他近来为之苦恼的一种非常困难的人际境况。他处理境况的方式给我留下很深的印象，于是我告诉了他我对他的感受。

"没啥，"他回复道，"我只是在努力改善形势，而不是让它逐步恶化。"

这就是我的定义了：升级就是改善形势，即使你的本能驱使着你放任不管，即使你完全有理由使之恶化，也都不要让事情恶化。两者的区别在于你处理事情的目标不同：提升和改善意味着要努力成功，而恶化则意味着争强好胜。成功可以共享，而争强则是有人赢就必然有人输。追求成功，人们可以找到共同的利益点，但如果是追求在竞争中赢过对手，那他们就只会死死守住自己的一片领地。

在畅销书《高效能人士的七个习惯》中，作者斯蒂芬·柯维指出，寻求双赢的局面，这是领导者实现高效领导的一种关键做法，他为那些寻求做好升级的领导者分享了一个重要的洞见：

在刺激和反应之间存在某个空间。在这个空间当中，我们有能力选择我们做出何种反应。在我们做出的反应当中就蕴含着我们的成长和我们的自由。

柯维并没有说明这段话引自何处，所以关于它的来源存在一些争论。不管它引自何处，你都必须吸取其中的核心教益，使你在面对充满困难的现实世界时可以做好准备：**领导力并不是对待他人如同他们所应得到的对待，而是能够在对待他人时好于他们所应得到的对待。** 能否这样做，取决于你是否有能力对情境做出自主的反应。它决定着你的快乐、成功和领导力，即你将做出何种选择，从而利用好外界刺激和你的反应之间的空间。

今天我做了什么是让事情改善而不是使之恶化呢？这个问题与我其他几个价值观激励问题都有所不同，因为它是反应性的，很难事先就规划好你的答案。其他几个价值观激励问题都是你的个人行为，而这个问题却是要对别人的问题做出反应。

当你遇到挑衅性的场景时，可以使用这个问题控制你的反应：如果你觉得你有种冲动要对着某个服务员大喊大叫，那就告诉自己现在就是回答这个问题的时刻，即今天我做了什么让事情改善而不是使之恶化？当你在网络上或者在现实中被推来推去，告诉自己，这一刻就是给出答案的时刻。或者你赢得了争吵，却使得某人受到了伤害，或者你决定就此罢休，随他去，告诉自己，这一刻就是我给出答案的时刻。

在日常工作生活中，在什么地方回答这个问题的机会比较多呢？邮件里。

带来改善的邮件

我们的工作生活中充斥着电子邮件。过去我们的父母习惯于用电脑查看邮箱，现在我们则能随身携带着它。各种项目都是通过电子邮件被构想出来，被修改完善，并得到批准的。人际关系完全搬到了网络上，还有那些每天都能收到的让人恼火的垃圾邮件。

我收到过使我怒不可遏的电子邮件，结果是气得我把手机都给摔了，只好重新再买一个。在我生命中不止一次，我屈从于我身上原始的动物本能——那是些遗留下来的进化冲动——在头脑冷静下来之前身体就已经做出了激烈的反应。我都没来得及考虑后果。有时候虽然我想到过后果，但还是会控制不住冲动。我是在恶化事情。确实，我以前这么做过。我猜想你也曾经做过。有些邮件看完我都想写一大篇回呛的话骂回去，但是，这种方式不会使我的境况变得更好。

"我应该怎样做到改善而不是使之恶化呢？"这个问题彻底改变了我处理那些我看过之后会对着电脑屏幕骂脏话的邮件的方式。我的新方式是这样的：

1. 收到邮件。

2. 阅读邮件。

3. 对着电脑屏幕骂脏话。有时候我会找朋友帮忙，让他们替我阅读邮件，并对着电脑屏幕骂脏话。

4. 我会打开一个新的文件——不是电子邮件程序，上面没有发送键，这是关键。这是一个没有发送键的程序。

5. 我写下那些我打算回复的最恶毒的话语，那会是一封让别人气炸的邮件。我在上面倾泻着我的困惑、怒火和不满。有时候我取笑他们的宠物。

6. 点击"另存为"，然后选择一个我几年前设立的文件夹，它的标题是"这有可能发生"。我把我刚刚写的宣战书存进这个文件夹，然后关掉。

7. 我站起来，走到房间的另一头，戴着耳机，里面正在播放一首我喜欢的歌曲。肯定有人告诉过你，出去散散步或者睡一觉，让自己冷静下来。有道理，但时间可能不够用。不过在任何一天你总归会有五分钟的时间，听听自己喜欢的歌曲。

8. 歌曲结束以后，我回到办公桌，打开"这有可能发生"文件夹。在这个文件夹里有一堆邮件，都是过去几年里我用同样的方法写好存下来的。我从中随机地选两封，打开读一读。

9. 我心中暗想："天，这居然是有可能发生的！"（幸亏当时没发出去）

10. 我打开我的电子邮件程序，着手写一封"改善"的邮件。我会提醒我自己，任何一种人际的或者组织的功能失调都源自恐惧。人们害怕自己会失去某些东西，比如金钱、影响力、资源或者是声望。他们也可能会害怕某些不想要的东西被硬塞给了自己，比如额外的工作，或者是他们缺乏技能、时间、意愿或者资源去处理的事情。我搜寻着藏在邮件背后的根本性的恐惧，并提醒自己，任何需要处理的问题如果仅仅停留在根本性恐惧那个程度，就远比它所激发出来的行为本身，更容易以一种积极的方式去处理。我不会还击。我努力做到感同身受。我问自己："一个伟大的领导者会怎么回应这封邮件呢？"然后我会努力那样去回应这封邮件。

写下第一封邮件常常带来痛快的感觉，因为那是一种宣泄。对你来说，它有好处，不过不要发送，那样的邮件基本上都是带有破坏性的。

如果在回复一封邮件、一个评议时，或者感到被忽略时，你的心跳加速、肾上腺素开始上升，这时你就要提醒自己，你做过承诺要在每天结束的时候回答这个问题，即你是怎么让事情改善而不是使之恶化的。当你意识到你在一天中有过一次机会来回答这个问题，你就由此践行了"升级"这个关键的领导力价值观。

今天你可以践行升级的五种方式

1. 道歉。

2. 想想某个你在工作中与之相处不好的人。专门绕道过去，主动提出请他喝杯咖啡。坚冰就这样一点点地融化了。

3. 找出那样的时刻，你曾经不同意某人的观点，而事实证明是你错了，但你从来没有承认过。走过去承认这一点。

4. 公开承认你特别不喜欢的某个人具有某种优点。

5. 找到某个场合可以说出这句话："好的，我们试试你的方法。"

要让升级运作起来，你可以问自己这些问题

- 今天我是怎样让事情改善而不是恶化了？
- 今天我怎么待人超过了他们理应得到的程度？
- 今天我做了什么使得一种困难的境况变得更好？
- 今天我承认过我自己错了吗？

13. 自尊

定义： 致力于认可下面四个基本真理：

1. 你拥有和其他人同等的获得快乐的权利。

2. 除非你自己的生命已经具有了充分的价值，否则你是无法为他人的生活增添价值的。

3. 让自己快乐是你的责任。

4. 没有原谅就不会有快乐。

问题： 今天我做了什么善待自己的事情？

善待自我

你生命中的任何缺憾都可以通过自尊得以弥补。第一天领导力的哲学就是要确保你每天都能给自己充足的理由，证明你是个重要的人，值得受人尊重。只要你相信自己确实如此，在对待别人的时候你也会如此。

如果你自己都不愿意善待自己，那凭什么期待你的老板、同事、丈夫/妻子、孩子、陌生人乃至整个宇宙都要善待你呢？没有人会比你自己更尊重你的了，所以要每天保持自尊，这个激励问题很简单：我今天做了什么善待自己的事情？

看你喜欢的电视节目，虽然它可能低于你的智识水平，不用觉得有什么丢脸；读读垃圾杂志；听听软绵绵的流行歌曲；吃个纸杯蛋糕。我善待自己的方法是每天走路。数据显示，每天只要步行仅仅20分钟就能带来非常大的好处，而我每天要走上好几个小时。在步行时，我会听电子书或者为演讲做排练，从而使它从我"忙于"应付的事务，变成我日常生活中具有康复性和创造性的一部分。这是我绝不会错过的部分。

善待自己可以采用许多不同的形式，其中有些你大概此前从未想到过。这里为你提供六种做法，可以让你把每天善待自己变得稍稍容易点。

1. 认识到快乐是需要播种的。

2. 认识到"最伟大"是"伟大"的敌人。

3. 别再穿着你的假腿。

4. 为失败做准备。

5. 承认有些事情会无缘无故地发生。

6. 治愈。

承认快乐是需要播种的

如果你认为你的快乐必须由别人来赋予，这将导致你这一生都不会快乐。这并不是说你的身边不应该围绕着那些爱你的人，他们会在你处于低谷时帮助你、支持你——我希望你与之打交道的人会待你以尊重、慷慨、和蔼和热情。你值得从其他人那里得到这些，但是你并不能认为这是理所应当的。如果你认为你理所应当从外部获得快乐，你就不可能去提高自己的能力，而实际上只有自己才是你得到快乐所必需的。

"我今天做过什么善待自己的事情"就是要塑造这种能力：提高你靠自己的内在获得快乐的占比，使你减少依靠他人来获得快乐和满足。它会使得你转向一种重要的认识：即使有一天不再有人给你提供快乐，你也不会感到被忽视。虽然你可能希望重新得到别人给你的那种快乐，但你可以做到没有它也能生活下去。从外部获得的快乐就好比你跟你手机的关系一样，没有它，你会觉得自己没法活下去了，但实际上可以肯定的是，没有它你也完全没问题。

在绝大多数的日子里，我们都有能力创造自己的幸福，通过去体育馆健身、和一位朋友喝咖啡、在起居室跳舞或者是吃一个纸杯蛋糕等。不过，也有一些日子，我们感到非常失落、受伤、疲惫或者极度疼痛，我们失去了给自己的生活带来某些好东西的能力。正是因为有这些日子，我们必须学会播种快乐。

我曾有段时间深陷低谷，当时我的一位好朋友教会我播种快乐。她向我解释说，**任何我们希望在未来有所收获的东西，我们都必须现在播下种子。快乐也不例外。**

"在你状态好的时候，"她告诉我，"你必须为你未来的快乐播下种子。为那个在未来可能感到失落、受伤、困惑或者疲倦的自己做点儿有益的事情。某些特别的事情——某些未来的你会为此而感谢自己的事情。"没过多久，我就把这个方法付诸实践了。

我生活中的可预见性很小，一年当中有逾250天我都在旅行，常常是一天换一个地方，每天换一个日程。其中保持不变的是通常你都能看到我站在一个播放PPT的屏幕前演讲。很多年了，我的PPT做得都非常呆板乏味：黑底白字，能够适应任何光照条件。

播种快乐的想法进入我的脑子几周之后，我有过一次非常棒的旅行，行程衔接完美、住宿的宾馆非常漂亮、主人无比热情、观众也非常专注。在返回宾馆的路上，我的手机发出嘟嘟声，提醒我有一个备忘录。我设定了一个提示，每天四次，屏幕上弹出来所有那些和第一天领导力哲学有关的问题。这是我用来激励自己的方式，要保证这些问题成为我关注的中心。我今天做了什么善待自己的事情？这一问题引起了我的注意。

于是那天早上，我往我的 PPT 里添加了一张我和考拉熊的合影。那拍摄于我最近一次去澳大利亚做巡回演讲的时候。它引起了观众们的大笑，使我不禁微笑着回想起拍摄这张照片时我和一位好朋友一起度过的美好时光。我把照片设置成了屏保，用来提醒自己，在我生命中拥有那位朋友是多么幸运。凝视着照片，我能听到她说过的话在我脑海里回荡："你必须播种快乐。"

我的旅行并非每次都和那次一样美好，有些时候旅行就不是那么完美，旅馆里的恒温器始终设置在 30 摄氏度，观众则一脸疲倦，根本不在意我到底说了什么。遇到那样的日子，我就会做点儿美好的事情，提前为未来可能再遇到这种日子的我做好准备。我在过去几年旅行所拍摄的照片中做了一番搜寻，我会把我喜欢的照片设置为幻灯片的背景。每一张照片都代表着一个平和的、喜悦的、惊奇的和感激的时刻。于是我的演讲中就包含着许多提示，提示自己我是多么的幸运。许多年前，我就播种下了这些时刻，从那以后几乎每天都会给我带来快乐。

那么今天你能做些什么，算得上是为未来的你播种了一个快乐的时刻呢？如果你开车上班的时候，没有把你所爱的人的照片挂在后视镜上，你就错失了使自己每天微笑的机会。如果你不开车，就把照片放在你家大门的门背后吧。挑选五个朋友，从周一排到周五，然后排到谁了，就让谁送你一样东西，是他们觉得会让你哈哈大笑的东西。当然你也要同样回报他们。你会发现，无论你送出去的是什么，那都是会让自己微笑的东西。

你的快乐就蕴含在你的工作计划中——为今天制订计划，为未来播下种子。

认识到"最伟大"是"伟大"的敌人

我想最后一次提到那次周游全国的火车旅行，它曾使我发生了巨变。提到它则是为了分享它所教给我的最后一项收获。当时我正在火车上吃最后一顿饭。

在旅行的最后一段，两个年纪很大的人从蒙特利尔上了火车。他们两人以前是东海岸的沿岸航行者，酒量很大、块头也很大，笑起来声如洪钟，好像有着说不完的故事和使不完的精力。

他们两人都 80 多岁了。

火车开出蒙特利尔才 10 分钟，他们就闯进了餐车，手里拿着酒，和见到的每个人握手。

"我是吉米，他叫厄尔。"吉米会咧嘴笑着告诉你。

然后厄尔就会立刻握住你的手："我是厄尔，他叫吉米。"

他们直接朝酒吧走过去，请在那儿的每个人喝酒，并和我们每个人碰杯。在休息室中坐下来之后，他们渐渐主导了场面。笑话和故事开始喷涌而出。他们两人做朋友已经 60 年了，其中有 45 年他们每周都会一起搭乘从蒙特利尔到哈利法克斯的火车去探亲。起初只有一小群人围着听他们说话，当别人听到连续不断迸发出的笑声，聚拢过来的人越来越多。

"嗨，谁有吉他？"吉米猛然喊了起来。有人跑回房间，拿来了一把吉他。在接下来的一小时里，吉米和厄尔一起演唱了一些东海岸的曲子，到最后，我们每个人都加入了进去。

直到过了午夜，人们才最终散去。我在边上转悠着，想问问他俩是否愿意明天和我共进午餐。这趟列车会在当天下午晚些时候到达哈利法克斯，所以午餐是这趟火车上供应的最后一顿饭。我觉得不会有更好的方式打发这顿饭了。

"非常乐意！"厄尔吼道，"不过你得给我们带点东西来！"

据我当时所看到的情境，我以为他指的是要一瓶麦芽酒。但是，他提出的要求使我吃了一惊。

"我要你给我一个单子，假如你知道你明天就会死，你打算去做的五件事。"他说道。

"天，这是为什么？"我问道。好像这有点恐怖演习的味道。

"因为到了我们这个年纪，这是很可能会发生的。"吉米对我眨了眨眼，"所以我们想看看谁有什么好主意！"

我们达成了协议，于是第二天午餐的时候我坐在了吉米和厄尔当中。他们很快就开始了相互打趣，那是老朋友之间通常用来取悦对方的方式——很有表现力的一种方式。女服务员端来食物之后，吉米把注意力转向了我，问道："那么，德鲁，你的工作究竟是干什么的？"

"我在一所大学教领导力的课。"我回答道。

"哦，也就是说你是和学生打交道？"吉米问道。

"是的，先生。"我告诉他。

"那么，你希望学生离开教室的时候学到的东西是什么呢？"

"我想要他们认识到，他们已经是领导者了，但是如果他们能够制订一份计划，每天去做，他们就可以成为更好的领导者。"我告诉他，"问题在于，我的很多学生关注的是错误的方面。"

"哦，是吗？"厄尔抬抬了眉毛，"你的意思是……？"

"是这样，"我说道，"我举个例子吧。我给一群学生第一次上课的时候，我会问：'你们当中有多少人知道自己上个学期的绩点？'班里的每个人都会举手。我继续问：'你们当中有多少人知道自己上一份工作每小时赚多少钱？'班里的每个人都会举手。我再问：'你们当中有多少人知道 *Party in the USA* 是谁唱的？'每个人都举起了手。"

"麦莉·赛勒斯。"厄尔体贴地给出了答案。

"他是她的粉丝。"吉米看到我惊讶的表情，给出了回答。

我大笑起来："好吧，是啊。成绩、金钱、麦莉·赛勒斯……这些他们都知道。但是，我问他们：'你们当中有多少人能够告诉我你生命中哪个时刻最快乐？'举手的就寥寥无几了。"

我靠在椅背上。这个故事我已经讲过很多次了，我习惯了听众听完后摇着头，对我的学生表示失望——这是一种心照不宣的肯定，表示我的这个问题问得好。但是厄尔听我说完后看了我一会儿，然后给出了他的回答。

"那是因为你问的是个蠢问题。"

这可不是我习惯听到的反应。

"什么？你觉得'你生命中哪个时刻最快乐？'是一个愚蠢的问题？"我问道，觉得难以置信。"你认为，对一个人来说，有着清醒的自我认识使他足以指出自己生命中最快乐的时光，这不重要？他们应该把知道自己赚多少钱，得多少分数排在更前面？"

厄尔摇着头："如果你的工作是教育别人，我觉得有一点非常重要，就是你要明白你的问题有多么危险。"

"危险？你是指什么？"我问道。

"你看，"厄尔说道，"这个问题是要人们去思考他们生命中最快乐的时光，或者是最美丽的日落、最美味的饭菜、最棒的吻或者是最好的性爱，也就是人们生命里那些独一无二的东西。但最快乐的、最伟大的、最美丽的东西都只会有一次。这就是你的问题所传达的——关注唯一的最好的一次。"

他的身体前倾。

"但是，德鲁，我们生命中有许许多多美好的时刻。许许多多的日落，许许多多的美味，等等等等，"他淘气地咧嘴笑起来，"如果你运气好，也会有很多的亲吻和性爱。你提的问题之所以不对，就在于它是在强化这么一种观念，即只有处于最顶端的、最好的、唯一一件事情是值得庆祝的。我觉得，这就等于说，还有很多事实上非常迷人的时光、日落和美味都被从我们心里抹去了，只因为它们不是我们拥有过的最好的。我认为，教别人某些东西，结果却使他们抹去了自己生命中很多美好的东西，这是危险的。"

我感到震惊，我觉得他的话非常有道理。"我从来没有想到这一点，"我告诉他，"那你觉得我应该怎么提问？"

"让他们画一条线，"厄尔回答，他的手指在我们面前的桌子上划过去，"是他们心里的一条线，用来代表很棒。对于他们在生命中经历的每件事，他们只需要问：'它是不是处在这条线的上方？'如果是，就把它放在那儿。在线的上方有无限多的空间。你的生活目标就应该是，尽你所能做到让各个方面的经历都处在那条线上方，比如一大堆美妙的谈话、美味、成就、远见，当然，还有很多的性爱。"

"把它看成打扑克牌，"吉米插了进来，"你的目标是赢得最多的筹码。在生命中也是一样。如果你只关注你生活中每类事里面最棒的那一次，那么在每类事情上你都只能得到一个筹码。但是如果你关注的是，只要处于那条线上方的东西，你都收集起来，你就能够在每类事情上都得到一大堆。你得到的筹码，肯定超过那个只关注最棒的一次的人。"

"归根到底，德鲁，"厄尔把话接了回来，"'最伟大'是'伟大'的敌人。"

从那一刻开始，"最伟大"是"伟大"的敌人就是我一直信奉的智慧，不过在当时，我想知道的是，他们俩是从哪里明白这一点的。

"你是怎么形成了这种看待生活的方式的呢？"我问厄尔。

他耸耸肩："我猜这是因为我在 16 岁的时候有了一次我生命中最棒的时刻，后来当我想着怎么过我的生活时，我明白了，我不可能再有那样最棒的时刻了……所以我必须琢磨出一种不同的看待生活的方式。"

"16 岁的时候你就已经有了你生命中最棒的时刻？"我问他。

"当时我觉得是的，"他回答道，"那天我认识了他。"他指了指吉米，"在朱诺海滩。"

"等等，"我说道，"朱诺海滩？是诺曼底登陆的那次？"

他们两人点点头。

"是的，"吉米说道，"当时我脸朝下趴在沙子上。我抬头一看，就看到这个傻瓜站在那儿，大概离我 18 米远，他就站在那儿像疯子一样猛拉立在那儿的防御栅栏。我估计这样下去，他的脑袋会被轰掉，所以我朝他大喊，让他卧倒。当然，枪炮声很大，你听不到任何东西，不过不知道什么原因，我满心想的就是让这个傻瓜赶紧卧倒。"

厄尔把双手举起，摆出经典的"怎么办"的姿势。

吉米继续说道："我不停地喊，不停地喊，但他就是没听到。最后我不知道是什么邪魔附体了，我变得非常恼火，我一下子站起来冲着他大喊。到处是乱飞的子弹，我就那样站起来冲着这个傻瓜大喊。"

"其实我听到了！"厄尔开心地说。

"是的，他听到了。"吉米说道，装出生气的样子，我知道，在过去的岁月中这个故事他们可能讲过很多次，但每次都会假装这种生气的表情，"他转过来，看着我，脸上的表情真是太蠢了。"

"嗨，"厄尔说道，"在你冲我大喊之前，我都好好的。结果你一喊我，我一转身一颗德军子弹就擦中了我的手臂。"

"是啊，"吉米咬着牙说道，"那颗混蛋子弹转向了，也擦过了我的手臂。"

他们两人卷起袖子，露出了相同的伤疤。

"同一颗子弹打中了我们两个，"厄尔笑着说，"从那以后我们就成了朋友。"

"这太离奇了！"我惊叹道。

厄尔摇着头："是很离奇，德鲁。在那之前和之后，我都没有这么害怕过。那天我一踏上海滩，就觉得自己会死。对此我没有丝毫怀疑。我告诉你吧，那天我和死神打了很多很多交道。"

他沉默了一会儿，然后继续说道："我们两个被击中之后就赶紧找掩体躲了进去，然后我就不记得接下来发生了什么。但是我还记得，当我清醒过来，周围非常安静。我记得我意识到我还活着，那是一种最强烈的、难以言表的快乐之情。在那一刻我知道了两件事：第一，在我的生命中，再也不会有超越此刻的快乐了；第二，我绝不会在某一天结束的时候还让我单子上的某件事情留着没有做完。"

我被这个故事深深吸引了，但是没明白它的意义。

"你说的单子是什么意思？"我问道。

"啊哈，"厄尔说道，"你带来了我要你带的东西吗？"

事实上，昨晚我已经花了整晚时间来思考，如果我在明天结束的时候就会死去，我会做什么。那是一次艰难的测试。我强烈建议，只要你有机会，也花点儿时间想想这个问题。

"我带来了！"我说道，伸手进口袋去掏。厄尔举起了他的手。

"不，你不需要告诉我你写了什么，"他说道，"我只是想要你思考它。看看它们是哪五件事情，再问问你自己其中是否有你无法做到的某件事。"

我看了下我列的单子，写在上面的每件事肯定都是我能力范围之内的。

"没有。"我告诉厄尔。

"上面有没有你已经打算在今天做的事情？"他问道。

我再次看看单子，沉默了很久。

"没有。"我低声回答。

厄尔点点头："你看，我的朋友，这就是我们的区别所在。我睡觉的时候绝不会留下单子上的某件事没有完成。"

他靠回自己的椅背。"顺便说一句，"他说道，"你应该知道的，我其实错了。在我的生命中我其实再次感受了很多快乐，而且不止一次。在那么小的年纪，我就确信我不会感觉更快乐了，这对我来说是一种幸运。它使得我懂得欣赏生命中的许多东西。体验过了那种知道自己不会再有明天的感觉，这确实改变了我度过今天的方式。"

我今天做了什么善待自己的事情？我把从那段午餐中学到的东西用来善待自己，到现在已经很多年了。尽管我不能声称我从未使用过"最棒的""最好的"或者是"最迷人的／最美丽的"来描述我生命中的体验，但是我通常都能控制住自己，提醒自己，只需要把那些美好的记忆摆放在我心中的那根线的上方就可以了。

"那在线的上方。"这种想法经常出现在我的脑子里。当我饱餐一顿美味、欣赏过飞机窗外的落日、穿行于世界上的某个大城市的奇特的街区之中时，我都会想到这句话。我相信，任何一天只要你可以把自己的某些经历摆放在那条线的上方，你就是回答了这个激励自己的问题："我今天做过了什么善待自己的事情？"

事实是，在前面我们还剩下很长的生命可以度过，这成了我们今天不去做事情的最大理由，而本来它们是可以使我们的生命变得更好的。那天我列出的单子上，五件事情当中的三件都是以"原谅"开始的，那是三段人际关系，我希望能够使之再次成为我生命的一部分，但是我又总是找理由搁置它们。在认识吉米和厄尔的一周后，其中两件事情就已经再次成了我生命中的一部分，并且自那以后变得越来越好了。我努力效仿着厄尔的哲学，绝不在睡觉的时候还让单子上的事情没有做完。因为那样做就会拖延某些会使我们今天的生活变得更好的事情。

别再穿着你的假腿

我的朋友斯蒂芬妮·迪克森拥有一种天生的能量。

斯蒂芬妮曾作为加拿大选手参加过雅典、悉尼和北京奥运会。她是加拿大体育名人堂的成员，获得过加拿大勋章（加拿大最高荣誉）。她获得过 17 块奖牌、打破过五次世界纪录，而她却只有一条腿。她是加拿大历史上最伟大的国际残奥会运动员之一，她的成就令人印象深刻。

为了成为世界一流的运动员，她能够严格自律、敢于牺牲，待在这样的人身边是会让人有点儿自愧不如望而生畏的。所以，一天晚上当我和她共进晚餐的时候，我发现自己对于自己的生命和职业都有了种不安全的感觉。我跟她聊了一些在过去几个月里我得到的很多关于我不够好的反馈，比如大家觉得我的公司发展得不够快；我旅行的频率太高，没有把写书摆在首要位置；我太过于注重让生活保持平衡，结果错失了很多机会等。我担心的是，他们说的有可能是对的，我反问自己我足够进取吗？足够有野心吗？我工作足够努力了吗？

"德鲁，"斯蒂芬妮突然打断了我，她说，"你的职业让你开心吗？"

"我的职业使我感到兴奋，"我回答道，"它比我想象的还要棒！"

"那你的生活让你开心吗？"她问道。

"非常开心。"我答道。

"既然这样，德鲁，"她盯着我看，说道，"你需要做的是别再穿着你的假腿了。"

"嗯……什么？"这是我能够做出的全部反应了。

"你瞧，"她说道，"我生下来就没有右腿，所以医学也没法为我做点儿什么了。但靠一副拐杖和一条腿，我也可以健步如飞。不过，很多年里，我整天都穿着一条假腿，特别是去上学的时候，因为我不穿假腿，其他孩子会觉得有点儿不安。但那条假腿其实拖累了我走路的速度，而且非常疼。但是我还是要穿着它，为的是让别人和我在一起的时候更加轻松点儿——这样一来我就不会让别人感到不安了。"

她朝我做着手势："**差不多每个人的生命中都穿着这么一条假腿。它就是那种明明会拖累你、弄疼你，你还不得不一直做的事情。**而你唯一要这么做的理由则是，它让别人知道你是谁和你正在干什么，这些会使你在其他人面前显得更好相处。你操心的是你的公司是不是对别人来说足够大，或者是你是否写了一本他们本以为你会写的书，或者诸如此类的问题。这都是你穿在身上的假腿。"

她靠上前来："德鲁，当你穿着你的假腿，你其实就是在告诉别人，'你们的标准比我的标准更值得尊重'。你猜这意味着什么？如果你自己都不尊重你的标准，谁还会在乎它呢？"

有什么事情是一直在拖慢你的速度且伤害你呢？你的假腿是什么？为什么你要一直穿着它？要下定决心每天审视自己的生活，找出那些你一直在做但其目的只是讨好他人的事情。找到并去除那些事情，这也是你的个人领导力中的一个核心要点。

为失败做准备

2013 年 4 月初，几周前我在华盛顿所做的 TEDx 演讲上线发布了。我点开主办方发过来的链接，观看着我在电脑屏幕上呈现出来的形象。我被自己惊呆了，我完全没有意识到，我居然已经这么胖了。可明明我每天都会照镜子的，我有点儿难以置信。不过，看相片里或者是电脑屏幕上的自己还是有些不一样。我一直在和我的体重做斗争，不过不知怎么的，我已经放弃了。我的体重升到了 300 多磅，飞机座位上的安全带都已经让我感觉有压力和尴尬了。我甚至曾经有过一次屈辱的经历，环球影院的某位引座员告诉我："这个座位无法安全地容下你的吨位，先生。"

那天，注视着屏幕上的自己，我再也无法视而不见了，必须有所行动了。我不能站在一群观众面前，侃侃而谈诸如自尊这样的价值观念，但自己却一直在做有损健康的事情。如果我自己都没有足够的勇气接受挑战，成为一个健康的人，我有什么资格谈论勇气呢？我说的那些关于承诺、关于每天都要严格执行之类的话，已经被我明显失控的饮食和体重给抵消了。

我需要做点儿什么了。我甚至早就知道我能够做到，因为在 10 年前我做到过在几个月的时间里成功减掉 60 磅。不幸的是，以前能够做到的事，现在却成了我的绊脚石。我自己都数不清有过多少次了，我待在自己的公寓里，一个人干掉了一个半大比萨（我一般点两个，这样就会剩下半个当第二天的早餐），或者是三个 12 寸的赛百味热狗，或者是一个人吃掉一桶肯德基，这时候我绝对非常讨厌自己，不过我会说："别太担心了——你知道的，只要你下定决心、全心投入，你就肯定能减掉这些体重，就像你以前做到过的一样。可能会花上几个月，不过你能做到的，而且你很快就会这么做了。这是最后一次暴饮暴食了。"我知道我以前做到过，这就意味着我觉得没有必要再次对自己证明这一点，所以我总是一直往后拖延。但看着屏幕上的自己，我再也无法觉得心安理得了。

我不确定要从何处着手。我不止一次试过 10 年前我用过的办法。但是我已经不再是 23 岁的年轻人了，我的新陈代谢也不一样了，所以以前的方法不起作用了。

不过，我突然明白了，知道从哪里开始了——从第一天啊。我用来减肥的方法和我用来运作我的领导力价值观的方法其实是一样的。我需要问自己问题，问题能够激发出必要的行动，从而开始我第一天的减肥之旅。如果我在第一天开始了走向健康的第一步，我需要做的就只是一次又一次地重复第一天。如果我那样做了，最终我就能够实现我减肥的目标。

尽管通过提出问题从而使某个价值观念得以运作起来，对此我很有经验，但是我完全不知道什么样的问题会激发出减肥行动。我在领导力课程中学到的三个最重要的字就是"不知道"，于是我就去向一个好朋友请教。我肯定你也有像她这样的朋友：他们有很多双跑鞋（为的是应付不同的天气条件），星期天早上你还没起床，他们就已经跑完了 10 公里；他们记得住各种瑜伽动作，还会花上大量时间去讨论各种话题。她是一个有证书的营养师，也是一个健身狂人。所以我向她提的问题非常简单：为了在一年之内减掉 100 磅，我需要每天问什么问题，并做出回答？

　　她记下了我的年龄、身高和体重，然后告诉我，她会回复我的。两天后，她请我出来喝咖啡，告诉了我两个洞见。它们改变了我的生活。第一个洞见基于我的零起点领导力哲学提出了三个减肥的问题：

　　1. 我今天吃的东西是不是少于 1800 卡路里？

　　2. 我今天消耗了 3000 卡路里吗？

　　3. 我今天是不是比昨天多做了 15 分钟有氧运动？

　　第二个洞见则更为重要。

　　"德鲁，"她说道，"**失败是生命的一部分，它是不可避免的。**在你每天制订的计划中都应该考虑到失败。别去想什么应急方案，用来应付你失败的情况，而是应该从一开始制订计划的时候就考虑到失败。任何不属于你计划内的事情发生了都会打击积极性，但如果你从一开始就考虑到失败，虽然它确实会横亘在面前，但它不会打击积极性。

　　"所以呢，"她继续说道，"我们应该事先允许有 65 天失败。你有 65 天——超过两个月——用不着回答上面三个问题了。如果你感到压力很大、非常疲惫或者要在宴会上发表演讲，那就行使这个允许失败的权利。这不会让你有气馁的感觉。你有 65 天的权利呢，不过有个唯一的限制就是你不能在刚开始的两周内使用这种权利。"

　　就是这样的：我在每个减肥的第一天都必须问自己那三个问题，然后我就得在接下来的 365 天当中的 300 天里保持像第一天那样生活。从她

158

给我那些问题开始算起，一年之后我成功减掉了 100.7 磅。

我对待那段减肥日子中的每一天都像是第一天。晚上是最困难的，内心经常有一种强烈的愿望驱使着我要用掉我那 65 天当中的一天。任何时候只要自己内心出现斗争，我总是对自己说同样的话："第二天你就能多吃了，明天就是第二天了。"我每次都这么说。第二天早晨醒过来的时候，我对自己说的第一件事绝对是："昨天我赢了。我成功对那三个问题说'是'了。把这样的日子摆放在一起，积累到 300 天，我就成功减轻 100磅了。没有任何东西能够把昨天从 300 天里拿走了。"每天早晨，当我这么说的时候，都有种胜利的感觉。这给了我很大的积极性和信心，这样我又能毫不犹豫地说："今天又是新的第一天。"

零起点领导力并不在意你必须赢多少次才能实现你的目标，而是激励你行动，从而带来持续的收益。不过，你必须考虑到失败，承认你不可能每天都能够回答出你的所有问题。只要做到在 365 天里面有 300 天，你能够回答你的问题就行了。

请记住，失败是你的回弹肌。失败并没有威胁你的计划，而是你计划的意料之中的部分。**允许失败也是一种善待自己。**

成功做事的五个阶段

我答应我自己，要视失败为不可避免。记住，你想完成任何事情都会经历五个阶段。

1. "我热爱写作，但是我讨厌开始"，这是我喜欢的一位作家说的。如果我们不迈开第一步，这当然会避免很多失误，但是停滞不前才是所有失误中最大的失误。看看你自己的银行账户：如果从 18 岁开始，你每个月都能存上 100 块，你现在就有能力承受减薪。如果从一年前开始，你每周多跑一公里，你明天就能够跑完马拉松。除非朝着某个新的方向迈开步伐，否则你的生活就会一成不变。

2. 走出第一步确实很难，但是迈开第二步才真的令人望而生畏。走出第一步之后，很容易就转头回去了（随便问某个开始节食的人看看），所以第二步才是真正需要你坚持的。如果你想出了一个好的创业点子，递上辞职信的时刻就是你的第二步。迈出第二步代表你真的不会再走回头路了——你已经和开始的时候不一样了。

3. 承认犯错。决定好目标之后，在某些时刻你会试图用常见易做的方式去做，但是它能否成功并非那么简单。有时候做错了可能只是稍稍把你带离了正确的道路，但有时会带偏很远。你无法只经过一次尝试就能经营起自己的业务、人际关系，或者说找到完美的人生道路。如果拒绝承认自己会犯错，意味着你将无法继续前进到第四步。

4. 在人生道路的某个地方，我们会开始把变化等同于失败，开始认为改变我们的业务计划、时间表或者是人际的及专业上的伙伴关系，就等于向我们自己以及注视着我们的每个人承认，我们当初的决定是错误的。生意是一种冒险，生活也是——而真正的冒险是绝不能不承认错误和拥抱变化的。当你把变化等同于失败，你就是给自己制造了一个障碍，妨碍了你认识到一个至关重要的真理：避免严重错误的唯一方式就是承认自己犯下了小的错误，并愿意在你失足跌倒之前后退一步。

5. 寻找新的方向，这是最具勇气的步骤。当我们后退一步问自己"现在我该走哪条路呢？"，这个时候我们常常是感觉最不安全的。此前错误的步骤依然鲜活地留在我们的脑海中，而我们知道它还有可能会发生，所以确实需要勇气才能走上新的方向。正是在这一步中，我们绝大多数的梦想要么实现，要么破灭。在这一刻，我们仿佛站立在悬崖的边缘。让我们重新想象一下那画面：不要去想你面对着万丈深渊，而是掉转脸来，背对深渊。你只有大步向前才能去到安全的地方。

在你生命的各个方面，比如事业、爱情、健康和教育等，都可能会经历上面这五个阶段。别试图去阻止或者是贬低它们——这是生机勃勃的生命的有机组成部分。我们每迈出一步都会带来它所特有的恐惧——每个人都会面对这些恐惧。隐瞒恐惧会使我们无法通过向别人倾诉获得支持，记住"你不是唯一感到恐惧的人"。这些阶段是每个人都不可避免的，经历它们且拥抱你的旅程，这是在工作和生活中取得成功、获得快乐的关键。归根到底，只要迈开双脚，不断向前，就一定会把你带到成功的某处。

承认事出未必有因

我有个朋友曾经在一家大型营销公司工作，她升迁很快，但后来突然出现了严重的健康问题，所以不得不休假，最终只能辞职。在她竭力恢复健康的时候，她母亲又去世了。但之后若干年里她表现出了惊人的坚强、忍耐和毅力，这是一个人身上很难得的品质。随着她慢慢恢复了生理上和情感上的健康，她又焕发出了新的热情。最初只是一种爱好，随后她把这种爱好变成了一个小生意，然后越做越大。在她公司发展的重要关头，我们碰头庆贺。她坐在我面前，容光焕发。

"我从来没像现在这么快乐过，"她告诉我，"我的生活比我曾经设想的还要美好。"

"那是你应得的。"我告诉她，"一路走来，你经历了很多。"

"事出必有因啊！"她告诉我。

听到这话，我有点儿难过。事出必有因？我不接受这个说法。

我喜欢另一种更感性的表达方式：经过足够长的时间之后，即使是那些似乎伤害过我们的事情也会转变为使我们得以成长甚至是获得奖励的机遇。不过，我们不要忘记，**承受痛苦和终获回报，二者相隔时间的长短取决于我们的坚强、忍耐和毅力**。

正是因为这些品质，我们才能从那些发生在我们身上的负面的事情中成长出积极正面的东西。当我们的坚强、忍耐和毅力引导着我们度过生命中黑暗的时光，最终为我们提供了成长和快乐的机会时，我们不应该草率地将那些机会归功于我们无法控制的上天的恩赐。这么做就无法认识到我们自己是多么坚强，也就没有给予我们自己应得的和迫切需要的信任。如果我们不把以往的成功视为我们未来同样能取得成功的保障，我们就没有播下信心的种子。这种子日后将成长为乐观主义的根基。

不是每件事的发生都是有缘由的，这才是不需要解释的真相。乐观主义和坚强就是要认为我们成功的可能性比失败要高得多。因为证据很明显，在生存和进化方面，你成功的概率是100%，否则你活不到现在。你拥有一个未来。如果此刻你还能读到这里，这就说明在过去的岁月里没有什么挑战是你没有熬过去的。

乐观主义源自这种认识：即便此前每次都失败，也不代表你的下一次还会失败。你不会像塑料或者玻璃那样一碰就碎。你有血有肉，在哪里倒下了，就在哪里站起来，你会变得更强大。

有时候，恰恰是那些曾经使你濒临崩溃的事情，有朝一日让你免于崩溃。因为你还活着，所以你一定成功处理好了你曾经所面对的每一个问题。你也许不会对你处理问题的方式感到满意，很可能一路走来伤痕累累，但是你终究算是处理成功了。必须承认，那些支持、爱情、友情以及大人物的权力等，都对你有所助益，但是永远不要抹杀你自己的坚强和忍耐所起到的作用。

如果非要说每件事的发生都有其缘由，那你自己就是那个缘由。每次，当事情发生了，是你自己的那份从未磨灭的坚强支撑着你前行，即使有时候你并没有感觉到它。永远不要忘记你曾经奋斗并取得胜利的那些战斗，它们是你过去所取得的成功的见证，它们也证明了，你在未来也同样可以取得成功。

治愈

治愈能力往往显得和领导力无关，因为治愈和受到伤害联系密切，而领导力则代表着坚强。我们视领导者为强者，相信强者是不会受到伤害的。大多数人想当然地认为，如果你是那种很容易受到伤害的人，那领导这个称呼大概不适合你。

我认识的最出色的领导者们其实都是些善于治愈的人。他们深刻地认识到，这是一种必须反复练习的技艺，并且要让它成为日常生活的一部分。他们承认，要努力过上一种有影响力、充满勇气、可以赋能、不断成长、学会提升形势以及自尊自爱的生活，这就意味着需要持续改变，而在改变过程中，人是很脆弱的，不管他人是有意的还是无心的，受到伤害在所难免。正因如此，一个领导者就必须拥有很强的治愈能力。

我所提出的六个价值观激励问题中的每一个都可能让你受到伤害：

- 你试图认可别人的领导力，结果他们告诉你，他们根本不在乎你是怎么评价他们的。

- 你尝试做了一些不成功的事情，结果人所尽知，感到非常丢脸。

- 你鼓励别人追求自己的目标，结果却导致他们退步了。

- 你努力学习新东西，虽然你尽了最大的努力，结果你就是搞不懂它。

- 你提升了某种境况，却被一些热衷于背后中伤的人踩着你的肩膀摘了果子。

- 你勇敢丢掉了你的假腿，要求别人尊重你的标准，结果他们拒绝了。

没有人喜欢受到伤害，但如果你对自己治愈的能力充满信心，你就会发现，保持五秒钟与众不同的勇气其实一点儿都不难。如果你没有治愈的能力，那么去做那些可能带来伤害的事情，对你来说就没什么意义了。治愈的任务就是保证你的安全——把你从无法康复的伤害处引开。告诉你的内心你是可以康复的，它就会变得更加大胆。

我有很强的治愈的能力，我早就习惯了不惧怕伤害。但达到这一点可不是轻而易举的事情，我从其他人的出色洞见中受益良多，其中包括那个精力十足的穆斯塔法。我在本书的开头就提到过他。

像地主一样思考

穆斯塔法的洞见是，我们理应"把每一天当作第一天来过"，这给我留下了深刻的印象——在环游世界的数百场演讲中我都提到过他的故事，他的洞见中所包含的内涵体现在了我的零起点领导力哲学的全部概念中。当我第一次听到他这么说的时候，它对我产生了一种非常不一样的效果。有那么几分钟，我觉得它非常有鼓动性，但是没过多久我的想法就开始变化了。

我的那次中东之旅是在我辞去大学教职仅仅六周之后。我热爱我的工作，享受在那儿工作的绝大部分时间。我爱学生们，我努力建设关于领导力的课程并制订种种关于未来的计划，推动事情往好的方向发展等。但我不喜欢我的一些同事，可又不得不与之共事，我们的价值观念有着根本的差别，尽管我们都做过协调努力，但事实是我们的关系却在持续恶化。到头来，每天上班前我都感到身体严重不适，除了辞职我别无选择。

重点在于，我压根没觉得辞职是我自己主动做出的选择，我觉得我是被迫的。工作环境如此恶劣，使得离开变成了唯一理性的选择。

听着穆斯塔法讲述他是如何如何热爱他的工作——他是怎样在经历了5000个第一天之后仍然保有同样的活力和热情——我开始回想起我辞去的工作，想着那些我已经着手建造却再也没机会看到它们成熟的事情。我开始琢磨我是如何感到自己受到了不公正的对待，处境是多么不公平，以及当然，我也开始回想起那个我认为要对此负起全部责任的同事。

一旦你的大脑开始回想起某次冲突，你的身体就会做出反应，好像你还处于那场冲突之中。所以当时坐在穆斯塔法身边的我突然变得沉默、紧张。对于我的这种突然变化，他表示关切起来。

"达德利先生，"他说道，"非常抱歉。我说了什么冒犯你的话吗？"

"哦，当然没有，穆斯塔法。"我连忙说道，我不希望他因为我突然变得阴郁而自我责备，"那是因为……"整个故事脱口而出。我向一个完全陌生的人讲述了我自己非常私人的故事，那是我一生中最为激烈的冲突之一。

我说完之后，穆斯塔法沉默了足足有一分钟，然后声音低沉地说道："达德利先生，你说的那个同事，他离我们这里可很远很远！他离得如此之远，远到他那里是晚上，而我们这里是白天。可你却让他把你所在的地方变成了黑夜。"

他做了一个手势，比画着环绕我们周围的一大片沙漠。"你让他毁了穆斯塔法的盛大冒险，可他甚至都不在这里！更糟糕的是，你说起来好像这还是他的错！"

当然，当你告诉某人一个你和别人发生冲突的故事，作为故事的讲述者，你能得到的一项福利是你可以塑造整个故事，把所有错误归咎在对方身上。所以，我有点被他的反应震惊了。

"可那就是他的错呀！"我表示了抗议。

穆斯塔法摇着头。"无心冒犯，达德利先生，这是你自己的错误。"他说道，"这是你的错误，因为你没有像一个地主那样思考问题。"

"我不明白你的意思。"我说道。

"我父亲和我说过，要始终像地主那样思考问题。"穆斯塔法解释道，"地主会允许人们使用他的产业，但是他要收取租金，以保护自己的投资。你的头脑和心脏是你能够控制的最宝贵的财产。**如果你让别人占据着你的头脑和心脏，你就应该得到些有价值的东西作为回报。**你说的那个人——他带给你的只有愤怒、苦涩和难受。愤怒、苦涩和难受对任何人来说都毫无价值。如果你让别人占据着你的头脑和心脏，却只得到了愤怒、苦涩和难受作为回报，你就是让别人免费待在里面。"

他打量了我好一会儿。"德鲁，地主是要收租金的。你是地主。既然你得到了你想要的，你不应该愤怒。"

和穆斯塔法待上一天，简直就像是和尤达大师①一起玩冲沙。很多年里，我在不同场合都听到过这句话，"别让别人免费住在你心里"，但穆斯塔法是第一个把其中的道理给我解释清楚的人。

不是每件与我们有关的事都会带给我们有价值的东西。成为一个领导者就意味着，要找到一种方法识别出我们生命中必须与之划清界限、脱离关系的东西，就是那些免费住在我们心里的东西。

我曾经操盘过一个音乐项目，为了纪念一位死于癌症的朋友，我制作了一盘 CD。我始终记得里面一首歌的一段歌词：

着陆和坠落并不一样。

---

① 电影《星球大战》系列中的人物，一个德高望重的老师和领导者。

有些东西让你生根，而另一些只会拖你后腿。

你必须决定你宁愿选择哪一样。

——"安全和声音"，乔伊斯·桑德斯作词

有些人之所以能够治愈，是因为他们有能力审视生命中的各种联系，并诚实地问自己："它们当中哪些让我生根，而哪些则是拖我后腿？"拖你后腿的东西就是那些免费住在你心里的东西。它们可能是爱情、失败、损失，而有时候则是一种观念，关于我们应该成为什么样的人，这种是最具破坏性的。

"有朝一日你将成为的那种人"

高中毕业的时候，我父母让我搞一个高中毕业晚会，就是那种青春期电影结尾都会有的晚会。我是在自己家的农庄举办的，充斥着啤酒和焦虑带来的混乱，所有那些你在高中生最后一次狂欢中能够看到的东西这里都有了。

晚会进行中，我的两个处在恋爱中的朋友相互依偎在离我大概六米远的地方欣赏着落日。而我已经喝下了很多啤酒，感受着青春期的焦虑，我转向我的好朋友斯科特，对他说道："斯科特，我找不到人可以像他们俩那样相互依偎，这太糟糕了。我真是厌倦了总是我一个人。"

斯科特是那种什么都有的人，既是全明星运动员，又是非常棒的音乐家，长得很帅，而且非常有幽默感。换句话说，他拥有的每件东西都是我觉得我没有的。他看着我，说道："德鲁，你明明是一个样样东西都唾手可得的家伙，我却总是听到你在说自己缺什么。"

在我生命的那个时刻，我还只是想从朋友那里听到我想听的话，而不是我真正需要的话。所以我当时反驳道："我可不是样样东西唾手可得。我有的东西只有压力。我有的就只是别人在告诉我，要挖掘你的潜能，要一直得高分。我觉得我能做到的就是让大家失望，我是个失败者。"

斯科特看着我，好像看了很久。最后，他说道："德鲁，你该更加信任你的朋友们。我们并非因为有朝一日你会成为什么人物才在意你。我们在意你是因为现在的你。我觉得你也应该这样做。"

他说的这些话始终伴随着我：**别把自己和某个未来你想成为的人去做比较，从而抹杀了现在的你**。

不幸的是，几周之后，斯科特和他的一位朋友死于一场车祸，出事的地点离我家不远。他才 18 岁。20 多年以后，我把他的这一洞见传播到了全世界。尽管他只是一个青少年，但不可否认他也是个很好的领导者。他的洞见值得被我们分享。

斯科特死后没多久，我进了大学，找了份在校园酒吧做服务生的工作。酒吧高管人员当中有个叫杰森·亚伯拉罕的人，我对他由衷地仰慕，他具有一种无声无息的个人领导魅力，人们会不自觉地被他吸引，他是校园里最受欢迎的人之一。

有天晚上下班后，我问杰森："你是怎么和别人打起交道来这么轻松自在的？学校里怎么这么多人都被吸引了？"

他有点儿脸红，说道："你知道吗？我只不过是试图让事情变得简单。我认为，如果你能够避免那种你不得不说'对不起'的处境，你的生活会变得更好。要避免说'对不起'，最简单的办法就是：每次当你提及某个人时，就要好像他就站在你面前一样。这样做，你的生活就会变得容易得多。"

这就是杰森所说的，也是杰森的生活方式。不幸的是，在他给了我这一建议几周之后，他被查出来患有癌症。不到五周，他就去世了。

杰森·亚伯拉罕只有 23 岁。我曾经和世界 500 强企业的领导者们分享过杰森的这一洞见。因为确实值得这么做，因为他是个优秀的领导者。

我今年 41 岁，已经参加过 9 位朋友的婚礼和 18 位朋友的葬礼。每位去世的朋友我都可以写上满满一章，讲述他们是如何帮助我成为一个更好的领导者的。他们当中的 15 位甚至都没能度过自己的 24 岁生日。但是他们依然都很重要，因为他们是领导者。

我分享我这些朋友的故事不是为了让你感到悲伤，而是因为分享他们的故事始终有助于我治愈失去他们后所受到的伤害。我分享他们的故事是为了提醒其他人，你有能力变得重要并发挥影响力。简单地说，去领导吧——这无关于你的年龄、受教育程度、你赚多少钱、你的头衔是什么或者你有多聪明。**领导力只和你的意愿有关，尽力在每一天里对你自己的生**

活以及其他人的生活产生积极的影响。

只有受过伤害的人才会伤害别人

在我和年轻人交谈的时候，我经常会提及我那些去世的朋友的洞见，目的是激发起他们无论什么年纪都可以起步的领导力。几年前，有位年轻的女士对我说："德鲁，我真的很喜欢你的演讲，不过我为你在生活中所经历过的所有痛苦感到难过。"接下来她给我讲了她自己的故事——故事当中的损失、挑战和勇气远远超过了我当时所经历过的。她讲完故事以后，我看着她，说道："既然你经历的事情明显比我的要沉重得多，你怎么会对我说你会因为我在生活中经历的痛苦而感到难过呢？"

"因为痛苦没有标准。伤害就是伤害，"她回答道，**"你习惯的任何事情突然消失了，就会有痛苦，所以比较是没有意义的**。我学会了永远不要用别人的痛苦来衡量我自己的，也永远不要用我的痛苦去衡量别人的。"

她接下来说的话触动了我。"只有受过伤害的人才会伤害别人，"她说道，"所以，如果我想成为我相信自己可以成为的那种女人，我就不能纠缠于那些曾经伤害过我的东西。"

只有受过伤害的人才会伤害别人，对领导力和生活来说，这是一种具有根本意义的洞见。它意味着，领导者必须懂得宽恕，领导者必须学会治愈。如果我们不驱逐那些免费住在我们头脑里的东西,我们就会一直携带着它们,有朝一日它们就会变成武器去伤害那些我们最关心的人。

领导者必须宽恕,但问题在于我们都想要赢。我们可不想让某位前同事、前朋友或者前老板认为他给我们造成了很大的伤害,这会让我们看起来像个失败者。所以即使那些免费住在我们头脑里的东西在贬损我们的生命价值,我们也假装无事,不去驱逐它们。

我已经失去了那么多朋友,这是我无法控制的。我有强烈的冲动要告诉大家这么一条建议:如果你想挽回一段关系——家庭的、恋爱的、朋友的、职业的——只要简单说一句"对不起"或者听到对方说"对不起",就能够做到。想象一下,假如你去参加某个人的葬礼,而你曾经对他说过的最后一句话是伤害过他的,这感觉肯定会非常糟糕。我遇到过两次这样的事情。真正的领导力意味着,你每天晚上睡觉前都要确定这种事情绝不可能发生在你身上。

我敢打赌,你肯定希望有些人仍然能够出现在你的生命里:某些你可以打电话、发短信或者一起喝咖啡的人,你们可以彼此分享成功与失败。我敢打赌,你之所以做不到这点,唯一的原因就是你不想说"对不起"或者没有听到对方说"对不起"(后者通常比前者要困难得多)。

你想不想知道"今天我做过什么善待自己的事情"这一问题的绝对正确的答案?主动联系那个人吧。最迅速改善你生活的举动就是宽恕。宽恕可不是软弱，宽恕开始的地方就是领导力开始的地方。

但是宽恕并不容易。你不可能打个响指，然后就宽恕了每个曾经伤害过你或者使你觉得受到伤害的人。我自己就曾做不到，我依然耿耿于怀一些事情。你要做的是每天都问自己一个有力的问题："什么东西免费住在我头脑里了，我是否准备了释怀？"如果今天的答案是否定的，那就宽恕你自己吧。也许明天或者此后的很长一段时间里回答都是否定的，但是任何问题如果每天都问一遍，它得到解答的速度会比那些没有每天提问的问题快。领导力并不是要知道所有的答案。**领导力就是愿意一直问那些你生命中没有回答的问题，直到你准备做出回答。**

2190 次

- 今天我做了什么从而能够认可某个人的领导力？
- 今天我做过什么事情，它可能不会成功，但无论如何我都会试一试？
- 今天我做过什么，使得某人更有机会实现自己的目标？
- 今天我做过什么使得某个人更有可能学到些东西？
- 今天我让事情改善了，还是让事情恶化了？
- 今天我做了什么善待自己的事情？

这六个激励问题中，有两个是专门用来给别人的生命增加价值的，另外两个是用来激励那些给你自己的生活增加价值的行为，还有两个则是对人对己都有益。如果你能每天都回答上述六个问题，每年你就有超过2000次（准确地说是2190次）的机会去影响和塑造你的核心价值观。超过2000次能够发挥影响的时刻，这会改变你的生活，改变你身边的人的生活，你的各种关系会变得更好，你的事业会变得更好，你的生活也会变得更好。

只要一部手机、一台笔记本电脑，我就能回答所有六个问题，这比我每天阅读完邮箱中的已收邮件都要快。可惜，多年来，我都优先选择了回别人的邮件，而不是仔细考虑怎么增进这些我自己最在乎的价值观，我的个人领导力一直是漫无目的、没有规划的。但零起点领导力的流程改变了这一点。

这些问题就是要让你对自己有所期许：如果你都搞不明白你自己期许于自己的是什么，然后坚持不懈地采取行动，向大家证明你不会辜负这份期许，那么没人会在意你期许于他们的是什么，也没人会为了符合你的期许和领导而行动。

提出问题、分享问题以及为这些问题寻找答案，遵守这个流程规则，这就使得领导力从理论变成了实践。它帮助你让你的核心价值不只是嘴上说说却无法清楚界定的东西，而是可以用来始终不停地指导你行动的东西。它会激励你采取行动。

在过去的许多年里，关于这一流程的重要性，我得到了很多反馈。有人告诉我说它太软了，太"温柔了"。有人说，"你知道我有多聪明吗"或者是"你知道我赚多少钱吗"，"没错，我知道这么做很好，但是我很忙，我有工作要做，我的老板才不会理解我在'践行我的领导力价值'这种事情呢"。

好的，那么让我说清楚吧：不这样做，你也能取得令人难以置信的成就。不这样做，你也可能非常有才华。不这样做，你也可能智力超群、充满激励、得到巨大的回报、受到人们普遍的尊敬。但是如果你不能坚持不懈地阐明且兑现你清晰的个人领导力价值，你就不能发挥你最大的能力去领导你自己或者一个团队，来做出最好的成绩。研究表明，清楚地界定个人价值观与提升个人的自豪感、业绩表现、努力程度和满意度息息相关。认可我们的核心价值观以及接受我们领导的人们的价值观，这是一种没有得到充分利用的领导力工具，这个工具能够帮你去寻求实现最好的自我和激发出他人最好的一面。

领导力就是要做出一个重大决定：每天要持续不断地做出一系列小的决定，小决定会带来积极影响。 在本书接下来的第三部分中，我将带你经历这个过程，让你生命中的领导力得以运作起来。采用的方法就是本书一直在介绍的：先找到对你来说最重要的核心价值观，然后清晰地界定它们，最后提出激励行动的问题，这有助你每天付诸行动。

简而言之，我们接下来将开始搞清楚属于你的零起点领导力哲学是怎样的。

今天你可以践行自尊的五种方式

1. 宽恕。

2. 在你轿车放杯子的地方放一块你爱吃的糖。辛苦工作一天之后的某个时刻的你，会得到未来的那个你的感谢。

3. 说不。一个叫乔安·林的"友人"告诉过我："恭恭敬敬的否决好过勉勉强强的同意。"

4. 再一次问你自己"我的假腿是什么"，然后把答案告诉你的一位朋友，请他们监督你摆脱它。

5. 主动联系某个你希望依然能够出现在你生命中的人，对他说或者听他说"对不起"。

要让自尊运作起来，你可以问自己这些问题

1. 今天我做了什么善待自己的事情？

2. 今天我最好的朋友过得怎样？

3. 今天我做了什么事情是优先考虑我自己的需要？

4. 今天我给未来播下什么快乐的种子了吗？

3

定义那些你想用
以定义自己的事物

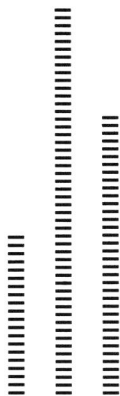

14. 认清你自己的核心价值观

现在你就是一切

认清你自己的核心领导力价值观，清晰地定义它们的含义，然后通过日常的激励行动的问题使之植入你的工作和生活。这就是你开始践行零起点领导力的地方。我们每个人都能够开始塑造自己的领导力。这是我们都能够做到的，也是应该努力去做到的。

如果你打算从头开始，把自己塑造成你希望成为的那种领导者，你就应该从第一天开始不折不扣地贯彻你的核心价值观，奠定你的领导力基础。打造这样的基础需要付出时间和努力，不能松懈。

你应该怎样识别你自己的价值观，使之在你的生活中运作起来，并通过提出一组问题来对自己产生巨大的影响呢？你要像本书第二部分中的六个问题改变了我的生活那样去做。本书剩下的部分就是教你怎样做。

你的三个任务

发现你的领导力核心价值观不是光靠脑袋想就能想出来的，这需要你做点儿准备工作。完成下面三个任务，你自己的核心价值观和问题列表就会出现。

1. 三个核心价值观假设
2. 你的床边建议
3. 你最好和最差的时光

任务 1——三个核心价值观假设

用你的核心价值观来对自己和其他人做出评判。找出核心价值观对于弄明白你是谁以及定义清楚你想成为什么样的人非常关键。三个核心价值观假设是第一步。下面教你怎样运用它。

1. 考虑如下假设：

想象一下，有个你不认识的人跟踪了你 30 天。任意的 30 天，你根本不知道这个人是谁。这个人能看到你的所有动作：公共场合的或者私下的、在线的或者线下的。他能观察你怎么和你爱的人打交道，怎么和你无法忍受的人打交道，怎么和你知之甚浅的人打交道（比如服务行业的员工）。

30 天结束后，想象下我去问那个人："这个人（指的是你）表现了哪三个价值观远远超过其他价值观？你觉得哪三种价值观在影响他的决策、决定他的行为方面发挥了最大的作用？"

如果在那 30 天里，你是那个你希望自己成为的人，你希望那个人说出哪三种价值观念？

2. 识别并写下你选好的三种价值观念。下面有个简单的表，你可以从中选择。虽然它并没有穷尽所有的价值观，不过我发现它还是挺有用的。

负责	适应	冒险	真实	自主
平衡	升级	合作	勇气	创造
好奇	果断	规矩	内驱	同情
赋能	公正	信念	家庭	宽恕
风趣	慷慨	感恩	成长	快乐
治愈	谦恭	影响	创新	正直
善良	爱情	忠诚	精通	专注
开放	热情	坚毅	积极	理性
关系	弹性	尊重	自觉	自尊
服务	传统	远见	脆弱	

3. 想象一下你要简洁且详尽地向一个人逐一解释你表现出来的这三个核心价值观，而此前他从来没听过这三个词。写下你对这三个核心价值观的定义（以这样的方式开头：致力于……）。

毫无疑问，你想追求的价值观可能不止三个，但是你最好先从你最在意的三个价值观开始。好，写完后现在暂时把它们放在一边，过一会儿我们再返回这里。

任务 2——你的床边建议

无论一个人的年龄、经验、受教育程度或者是经济状况怎么样，每个人都有经验可以分享，每个人也都可以从他人的经验中获益。你的智慧是那些你从亲自经历过的事情中得到的经验，而不是被强行灌输教导的东西。

在第 11 章"成长"一章里，我提到过床边建议：

想象一下，现在是你儿子或女儿待在家里的最后一个晚上（这也许需要你想象一下有一个儿子或女儿）。明天他／她要去学校、结婚成家或者是为了他／她的第一份工作而搬走。你正路过他／她的房间，他／她喊你进去。当你坐在他／她床边的时候，他／她抬头看着你，问道："妈妈／爸爸，你有什么最好的人生建议要告诉我吗？在你的幸福人生中，哪一项经验起到了最大的作用？"

你会告诉他 / 她什么呢？

不过这个问题有一个缺点就是它可能会让你感觉有压力。当一个人被问及哪一个经验对于他的人生起到了最大的作用时，人们就会开始习惯性寻求那些普遍性的真理，而不会分享一些对他们自己来说最有用的个人性的经验和智慧。

我朋友哈姆扎在他 25 岁生日的时候，在博客上写下"25 年中我学到的 25 个教训"，这启发我改变了使用床边问题的方式。当我努力从我所有的成功和失败、教训和心碎，以及各种智慧的或者是愚蠢的时刻中提取经验时，没过多久就发现，这项任务太有趣了，而且在第一天领导力的训练流程中这也是非常有用的一种工具。你也要自己动手制作一份属于你的30 个床边建议的清单。下表为举例，以抛砖引玉：

1. 如果事实上事情并不复杂，那就别说"它很复杂"。

2. 你必须热爱自己的生活。

3. 别沉迷于什么五年计划，专注于产生可以持续五年的动力吧。

4. 世界上罗莎琳可远比朱丽叶要多（在遇到朱丽叶之前，罗密欧的暗恋对象是罗莎琳）。

5. 在故事的结尾，罗密欧和朱丽叶都死了。这说明，爱情并不会征服一切。不过，它也确实有赢的机会。要相应地调整期待。

6. 如果你明明知道开始做某事会使你的生活变得更好，但是你却不去做，这是某种形式的自我放弃。

7. 随心所欲地忽略任何不是像你一样快乐的人的判断。

8. "绝不投降——绝不、绝不、绝不、绝不向任何东西投降，无论大事小事，绝不投降，除非为了荣誉且出于良好的判断。"要记住这句话的前四个字，也要记住后面的内容。

9. 那条向你冲过来的狗可不是你八岁时咬过你的那条狗。

10. 你生命中必须要准备下面这三样东西，否则说不定哪天你就会错过一次很难得的机会：

- 会开手动挡

- 一本更新过的护照

- 两个积攒起来的假期

11. "我爱你"这三个字很美好。证明"我爱你"的行动则更加美好。

12. 如果你一直希望看他们的表演，那就去看他们的表演。现在就去。

13. 快乐就是你每天必须做的绝大部分事情都是你自己想做的。

14. 你的情感不是问题，但如果你因为有那些情感而批评自己，这才是问题。

15. 世界上你想要的每件东西都是优质的。

16. 公路限速越高，开车就越无聊。

17. 金钱并不意味着一切，但是债务却意味着一切。要存钱。

18. 要记住，生命赋予了你意志和决心……还有优雅。

19. 不要作践你的身体，但如果它不健康，也别骗自己。

20. 并非事情变得容易做了，只不过是你更精通了。

21. 只有受过伤害的人才会伤害别人。

22. 世上没有什么事情是不能通过睡觉和洗澡而得以改善的。

23. 成功的感觉就是当你追求获得更多时突然觉得够了。

24. 有时候发光的最好方式是反射别人身上的光芒。问问月亮就知道了。

25. 生命中决定比确定更好。前者意味着可能，而后者抹杀了可能。

26. 开心是地球上最性感的东西。

27. 你做的事情并没有什么了不起，了不起的是你做这些事情的时候克服的那些让你害怕的事情。

28. 你的价值观决定着你怎么评价自己。你的习惯决定着你的行为。努力使二者协调一致。

29. 玩政治，为了赢要让别人恐惧你。但在领导力中，要想成功则必须让别人克服恐惧感。成为一个领导者吧。

30. 我从来没有看见过一只松鼠宝宝，但这并不意味着它不存在。

提出你自己的床边建议

要想找到你的核心价值观，关键的一步就是列出你自己的 30 条床边建议。这些建议没有高低等级之分，也不用考虑顺序——想到了就写下来。重要的是你在省思你的整体生命经验，找出那些可以给其他人增添价值的建议。不用太着急，不要想着一举就能完成这份清单。花点儿时间想一想，下面这些提示会有助于你思考：

- 你曾经从其他人那里得到过哪些智慧，持续地改善了你的生活？记下来吧，算是一种感恩回报。在这个列出建议的练习中，有用比原创更重要。

- 回顾以前发生的一些情况，哪些会让你的脸上发热，头脑也受到了冲击，"该死，我本该做得更好！"在那一境况中，你忽略了什么智慧的原则或者环节？

- 列举出你生命中感到快乐的五个场景。这五个场景当中有没有什么共同的特征，你在其中做了哪些事，而又避免做了哪些事？

- 在你的手机上写一条备忘录，标题是"我的智慧"。每天在喝咖啡、洗澡或者是上班的路上，花几分钟问自己这么个问题——"据我所知，关于××的真理是……？"可以从下列词汇中任选一个或几个，完成这一句子：

失望	失败	家庭
恐惧	友情	快乐
健康	领导	爱情
自我	压力	工作

- 问问其他人，他们会在清单上写什么。听别人说，有时候最容易启发自己的智慧。

任务 3——你最好的和最差的时光

这个任务有难度，你有机会去回忆你的那些高光时刻，但是它也要求你反思那些你不想提及的灰暗时刻。

反思你的生活，找出四种境况：

- 在其中两种境况中，你的行为方式至今仍然让你觉得骄傲或者快乐。每当你想到这些境况，你觉得自己真的成了你希望成为的那种人。

- 在另外两种境况中，你的行为方式至今仍然让你觉得难受或者失望。每当你想到这些境况，你都觉得辜负了你对自己的期待。尽管回忆这种时刻会让你不太好受，但是通常来说，关注那些你觉得最为失望的时刻会让你获益良多。

这样做，会让你更加坦诚开放地面对自己。我们当中绝大多数人都会犹豫，要不要欢庆那些使自己变得伟大的事迹，因为我们习惯于低调谦虚。然而，谦虚并不是要否认使你变得出类拔萃的东西，使你变得出类拔萃的东西也并不一定就能使你超越其他人。自己夸自己不免让人不安，但是如果能够克服这种感觉，就真的能够发现你生命中最让你感到骄傲的时刻。

我们时常会沉浸在深感后悔的体验中，却很少去分析它们。我们会把羞耻、恐惧、悲伤等情感与某种体验联系起来，却很少摆脱那些情感，去反思我们这些最负面的体验是怎么产生的，又为什么会产生。我们做错了什么？我们究竟怎样辜负了自己？要去摆脱这些负面的情感，总结事实上到底发生了什么，而不只是你是如何感受的。

当你试图做这些任务的时候，你会发现，回忆起你那些负面的体验其实很容易。负面体验留在我们脑海中的印记远比正面体验要深刻得多。但别让自己沉浸在困扰、愤怒或者羞耻等负面体验里。

价值观的逆向工程

一旦你完成了三个核心价值观假设，列出了你的床边建议，找到了两个骄傲的时刻和两个失望的时刻，接下来就是发现你自己的价值观的时候了。

把三个核心价值观假设暂放一边，我们先来看看你的床边建议。这些建议都出自你鲜活的生命体验：那些你生命中起作用的事情或不起作用的事情，那些让你快乐或造成你痛苦的时刻，那些你为身边的人赋能的行为或妨碍他们的行为。追溯其中的每一条建议，你会发现，这些建议几乎都来自你曾经做成的或者没有做成的事情。

这是你从生活中学到的建议，而不是那些靠自我想象得出的东西。正因为如此，这份清单实际上就代表了那些对你来说非常重要的核心价值观。看看清单上的每一条建议——针对每一条，你都可以说：

"如果你认真听取了这条建议，你就能够更好地践行××的价值观。"

　　你提出的 30 条建议中的每一条都源自一种或多种核心价值观。通过列出你的建议清单，再发掘它们背后的基础性价值观，你就能以一种间接但是非常有启发的方式发现自己心中最为重要的价值观念。你要做的就是利用你的建议清单，通过一种"逆向工程"的方式，找到你的核心价值观。对清单上的每一条建议都要花时间想想，告诉你自己补充完成下面这句话：

　　"如果某人认真听取了这条建议，他就能够更好地践行 ＿＿ 的价值观。"

　　想想你的每条建议背后的故事，想一下它教给了你什么？它能够帮助别人避免哪些失误？它带给了听取建议的人哪些新的视野？下面我就用前面提到的床边建议的例子加以说明：

● 如果事实上事情并不复杂，那就别说"它很复杂"。

　　几年前，一个朋友打电话给我，说他爱上了一位女士，而那位女士对他也有同样的感觉。

　　"太棒了！"我说道，"这么说，你们两个人在一起了？"

　　"没有，"他回答道，"这挺复杂的。"

　　"怎么复杂了？"我问道。

　　"是这样，她正在和我最好的朋友约会。"他回答道。

　　这并不复杂，明明几句话就说清楚了。真正复杂的是得到你想要的，成为你想成为的那种人。成为一个领导者，这就意味着你在做出决定的时候，考虑的应该是你相信这么做是对的，而不是它能带来最大的奖赏或者避免最糟糕的后果。

如果有人用心听取了这条建议，并且每天践行，他们就能更好地体现出勇气、自尊和升级的价值观念。

● **你必须热爱自己的生活。**

另一个例子来自国际残奥会运动员斯蒂芬妮·迪克森。有位朋友请我去给他教的八年级学生演讲，这群学生基本上都是青春期的女生。这有点儿超出了我得心应手的范围了，所以我去请教斯蒂芬妮，当面对一屋子年轻的女士，她有什么好建议。

"告诉她们，她们必须热爱自己的生活。"她回答道，而且她自己就是这种观点的生动体现：她在自己本来应该戴婚戒的那根手指上文了两个字——满足。

"我嫁给了自己，"她告诉我，"这个文身就是用来提醒自己我很满足的。我不需要从别人那儿得到一枚戒指才算是满足。"

"你应该是那个最关心自己的人，因为你会和自己度过一生。"她最后说道，"告诉她们，永远不要为了吸引或讨好别人而放弃自己的梦想。"

这个建议指的是，你需要认清你的自主性，具有足够的自尊，绝不要依赖于别人。

如果有人用心听取了这条建议，并且每天践行它，他们就能更好地体现出自尊、自觉和自主的价值观念。

• 别沉迷于什么五年计划，专注于产生可以持续五年的动力吧。

这是另一条来自我朋友穆斯塔法的建议。除了我们在一起的那天里他告诉我的智慧之外，他和他的司机还留给了我终生难忘的一个回忆。当那天接近尾声时，我问他如何才能够成为一个了不起的"冲沙运动驾驶员"。

"要抵制住想要放缓速度的冲动。"他回答道，"在沙丘中开车跟寻找生活中的道路一样，你总有一种想要慢下来的冲动，想要安全一点儿。但是，安全和放缓速度往往不是一回事。"

"不是吗？"我问道，"慢一点儿不就意味着你有更多的时间对发生的事情做出反应？就会有更多的时间看看问题出在哪里，想出办法来解决它们？它不是给了你更多的控制能力？"

穆斯塔法摇着头："我知道，那是我们的本能。不过，在沙丘上，放慢速度只会让你失去控制。如果你没有足够的速度和动力，你就会失去自己选择的机会，只好交由环境来决定你去到哪里。你可以随心所欲地打方向盘，但是你的命运就由沙子来决定了。它会选择你打滑或者翻车的方式。但是如果你达到了足够快的速度，你就能完全掌控了。当然你也要注意，只能加速到足够获得控制和选择的程度。速度太快的话，你会再一次无法控制自己的运动。你也许可以选择方向，但是除此之外你就无法进行调整了。"

他喝了一大口水，想了一会儿："**在沙漠中行车就像生活一样，你得有足够的动力才会有的选。速度太慢，环境就会控制你；但速度过快，自**

己又容易失控。"

"动力是关键。"他继续说道，"我刚开始买下这家公司的时候，一直有人问我五年计划是什么。关注各种各样计划的弊病在于，计划会改变你看待机会的方式。如果你关注于计划，你就会用它来评估每个机会，看看是不是与你的计划相适应，至于那些与之不相适应的，往往就会被忽略，而不会花时间做充分的分析。但是如果你评估每个机会的标准是它能带来多少动力，那么每个机会就能得到公平的考量，即使是那些出乎意料的机会。"

他冲着我微笑："很久以前我就不再操心什么五年计划了。我只关心产生五年的动力。"

如果有人用心听取了这条建议，并且每天践行它，他们就能更好地体现出坚毅和弹性的价值观。

● 世界上罗莎琳可远比朱丽叶要多。

罗莎琳是罗密欧在《罗密欧与朱丽叶》的开头提到的女士。她没有在剧中出现，但是根据罗密欧的说法，罗莎琳是他心中的完美女士，他怀疑如果没有她，自己是否还能活下去。当然，这是他遇到朱丽叶之前。

在我的生命中我曾经确凿无疑地相信，为了让自己快乐，有很多很多东西是我必须拥有的，不过最终我也并没有得到它们。这条建议的目的是说明，我们在生活中所渴求的绝大部分东西即使最终没有得到，也很可能能够活下去。所以当你因为没有得到想要的东西而变得受伤或者愤怒时，要把这一点记在心里。

如果某人用心听取了这条建议，并且每天践行它，他就能更好地体现弹性、坚毅的价值观念。

- **在故事的结尾，罗密欧和朱丽叶都死了。这说明，爱情并不会征服一切。不过，它也确实有赢的机会。要相应地调整期待。**

除非你接受爱情的不完美，否则你就不是真的拥抱爱情。这条建议指向了一个重要的真理：爱情是一种强大的力量，能够使你的生活变得更好，但有时候爱情会消逝，往往也会让你很痛苦。拥抱爱情，进入爱情，同时要理智地保持清醒和弹性，对于它的消逝做好心理准备。

如果有人用心听取了这条建议，并且每天践行它，他们就更好地体现出了爱情、理性和弹性的价值观念。

顺着你的床边建议的清单，给每一条建议分配一到三个基础性的价值观念。可以用本书附录 3 上的计数表统计每条价值观念出现的次数。

在这个过程中出现的最大问题是，人们通常并没有一个"价值观词汇表"用来从中进行选择。为了使整个过程变得更容易，我在本书附录 1 中收录了一份价值观词汇清单和定义。为了便于参考，在这里把价值清单再列一次，你可以从中选择：

负责	适应	冒险	真实	自主
平衡	升级	合作	勇气	创造
好奇	果断	规矩	内驱	同情
赋能	公正	信念	家庭	宽恕
风趣	慷慨	感恩	成长	快乐
治愈	谦恭	影响	创新	正直
善良	爱情	忠诚	精通	专注
开放	热情	坚毅	积极	理性
关系	弹性	尊重	自觉	自尊
服务	传统	远见	脆弱	

在寻找你的床边建议背后所体现出来的价值观时，如果你发现有的价值观并没有列在这里，无须为此感到犹豫。继续完成清单上的每条建议，汇总好结果，然后进入下一环节。

发现价值观

通过逆向工程，我为我举例中的 30 条床边建议找到了背后的基础性价值观，为每一条建议分配了一到三种价值观，然后得到了以下结果。在这些不同的价值观中，有些出现的频率比其他的更高：

自尊 10	谦恭 2
弹性 7	宽恕 2
勇气 7	适应 2
坚毅 5	爱情 2
理性 4	信念 1
规矩 4	服务 1
冒险 4	合作 1
自觉 4	专注 1
升级 3	平衡 1
快乐 3	同情 1
影响 3	精通 1
风趣 2	创新 1
赋能 2	创造 1
热情 2	自主 1
果断 2	

你对自己的床边建议完成了以上的动作，现在转到你对自己生活中四种境况的评价上来。你要找出四种境况，好坏各两种，因为你如何行事关系到你的核心价值观是什么。你之所以找到了两种使你产生自豪感的境况，是因为其中体现了对你来说非常重要的一种或多种价值观。而你在另两种境况中之所以感到失望，则是因为你违背了你一直持有的个人价值

观。很有可能你并不知道那些价值观是什么，但它们肯定是你持有的最重要的价值观。既然这四种情境在你的生活中表现得特别重要，那就说明在背后驱动它们的价值观念与你的自我认同有着密切的联系。

审视那两种你在其中深感自豪的情境，问你自己：在这一情境中，我的行为体现了什么价值观？把它们写下来。

在这一任务环节中发现的价值观要比床边建议任务中那份汇总表上发现的价值观重要得多。举例来说，在这一任务中，你找到了如下六条价值观是你体现或违背的。

自尊 勇气 规矩

冒险 坚毅 果断

假如我前面举例的那份床边建议清单是你的，你还要给这六种价值观增加额外的 2 分：

自尊 10+2=12　　谦恭 2

弹性 7　　　　　宽恕 2

勇气 7+2=9　　　适应 2

坚毅 5+2=7　　　爱情 2

理性 4　　　　　信念 1

规矩 4+2=6　　　服务 1

冒险 4+2=6   合作 1

自觉 4   专注 1

升级 3   平衡 1

快乐 3   同情 1

影响 3   精通 1

风趣 2   创新 1

赋能 2   创造 1

热情 2   自主 1

果断 2+2=4

在这一系列操作之后，选出得分最高的四到六条价值观。你可以在日常生活中践行：

自尊　勇气　坚毅

弹性　规矩　冒险

至于到底应该找到多少条价值观践行，并没有严格的准则可依，只要你完成了任务，就可以自行决定。我的建议是，不少于三条，不多于六条。至此，你找到了你的核心价值观念，接下来可以开始下一环节了。

价值观感知 vs 价值观现实

把你在这个过程中找到的价值观和你在第一个任务中找到的价值观对比一下。第一个任务是你假设的三个核心价值观。它们一致吗？如果一致，那么恭喜你，你是少数能让自己的核心价值观和行为相匹配的。如果不一致，也没关系，本书剩下的部分就是要来帮助你把你的价值观持续地植入你的日常行为。

对绝大多数人来说，他们在第一个任务中找到的三个最重要的价值观与其他任务中找到的价值观并不一致，因为后者是以事实为基础的。当然这并不是说你在第一个任务中找到的价值观不值得追求或者不重要，只是它们没有准确地反映出刺激你行动的价值观到底是什么。

通过反思的方法简单地找到的价值观，不如靠事实找到的准确。你应该使用你的价值观作为决策的标准，因为如果你没有使用恰当的标准，那些决策是很难得以贯彻的。设想一下你面对着一个困难的决策，回忆起了"做我想成为的那个人将要做的事情"。在各种可能的选项中，你挑选了你认为和你的核心价值观最为接近的一种，而事实也表明，这些选项中的某一个比起其他选项来，确实与那些价值观念更为协调一致。但不幸的是，这个选项带来了严重的后果——社会的、情感的和财务上的。即使这个决定使你与你的朋友或者同事关系恶化，使你失去了升职的机会（或者甚至是丢了工作），也可能使一段友谊就此终止，但是，你会对此感到欣慰，因为你没有背叛自己的核心价值观。

现在再考虑下另一种可能性，你可能搞错了，你用作决策标准的价值观其实并不是对你来说最重要的价值观。五年以后，当你回顾当初那个决策，试图弄明白它所造成的后果时，很有可能你会觉得那是一个错误的决策。

只要那些价值观对我们来说确实是最为重要的，我们就会乐意接受因为坚持它们所带来的后果。如果它们不是，我们将会不断地为自己做过的决策及其后果感到后悔和抱怨。所以这一点很关键，你在零起点领导力流程中将予以运作化的价值观念，必须真的与你希望成为的那种领导者是协调一致的。一定要确保自己完成了上面说的这些任务，要让你对自己的价值观的感知和现实相符。

如何发现你的核心价值观

1. 制作一份你自己的床边建议的清单，写出 30 条你认为会带来快乐和成功的关于人生和工作的建议。

2. 总结你生命中的两种境况，在其中你为自己的所作所为感到极度自豪。

3. 总结你生命中的两种境况，在其中你为自己的所作所为感到极度羞愧。

4.通过完成下面的句子找到每条建议背后的价值观念:"如果我认真听取了这条建议,我就更好地体现出了 ____ 的价值观。"为每一条建议找到一到三种价值观。

- 用附录 3 提供的计数表为出现的价值观计算分数。价值观每出现一次,就加 1 分。

5.针对你生命中会为自己的所作所为感到自豪的两种境况,问你自己:"在这个境况中,我体现出了哪一条或哪些条价值观?"

- 查找计数表上列举的价值观,每找到一条价值观就加 2 分。

6.针对你生命中你会为自己的所作所为感到羞愧的两种境况,问你自己:"在这个境况中,我违背了哪一条或哪些条价值观?"

- 查找计数表上列举的价值观,每找到一条价值观就加 2 分。

7.最后在计数表上,你应该得到了不同的计数。从结果中找出三到六条得分最多的价值观。它们就是你要通过激励行动的问题予以运作的价值观念。

15. 提出你自己的问题

怎样提出一个有效激励行动的问题

让我们回到"影响"这条价值观——

影响：致力于创造出这样的时刻，人们会因为和你的互动而获得更好的感受。

每天在上床睡觉的时候，我都在寻找下面这个问题的答案，通过这样的方式我践行着这条价值观。我通过这一提问使"影响"在我的生活中得以运作起来。

"我今天做过什么从而认可了别人的领导力？"

之所以提出这样的问题，是因为这样的问题有三个重要特征，这些特征是所有能激励行动的问题都必须具有的。

1. 为了回答它，你必须做点儿什么事情。

一个用来激励行动的问题不能是一个是非题。是非题容易让你自我欺骗。如果你只是问自己，我今天发挥了影响力吗？你可以回答说："当然，我发挥了。"但是没有回答你究竟做过什么。如果问的是我今天是否认可了别人的领导力，你也可以回答说是的。但如果问的是我今天做过什么从而认可了别人的领导力，这就要求你明确回答什么时候以及你究竟做过什么。要求回答清楚时间和行动方式的问题会驱使你采取至少一个独特的、有意识的、深思熟虑的行为，行动就是在践行你的价值观。

要确保问题能够激发行动，最简单的方法就是以下述两种方式当中的一种开始提问：

- 我今天是怎样……
- 我今天做了什么从而能够……

"我今天是怎样认可别人的领导力的？"

"我今天做了什么很可能不会成功的事情，不过无论如何我都会尝试的？"

"我今天做了什么使得某个人更可能学到新的东西？"

如果不指向我已经完成或者试图完成的某个特定的行为，我就无法回答上述这些问题——它们当中没有一个是可以用"是"或者"否"来回答的。不过，你要注意的是，虽然这些问题意在帮助我体现出影响、勇气、赋能和成长的价值观，但是"影响""勇气""赋能"和"成长"这些词汇本身却根本没有出现在上述任何一个问题当中。

这就是一个好的激励行动的问题所应该具有的第二个特征。

2. 不应该在问题中包含实际的价值观词汇。

如果问的是，我今天做了什么从而给别人赋能？或者是，我今天如何体现了成长？这些问题是不会使人长时间地受到激励的。你应该考察每条价值观的定义，然后问"如果履行这一定义实际上看起来会是怎样的？"，然后列举出你认为履行这一定义所需要的特定的举止或行动，从中选取一个作为你的问题的基础。

举例来说，如果勇气被定义为"面对可能的损失，仍致力于采取行动"，考虑下什么样的特定行为能够贯彻履行这一定义呢。你可以做下列事情中的任何一种。

- 改变一直以来做事情的方式。
- 尝试某些你从未尝试过的事情。
- 对某些你感到害怕的事情敞开胸怀。
- 设定一个比你已经实现过的还要雄心勃勃的目标。

这些行为中的任何一种都足以代表勇气。列出这样的清单，你就有机会去考虑如何将它们创造性地组合起来，以提出有效的激励行动的问题。

比如说"我今天做过什么很可能不会成功的事情，但无论如何我都会尝试？"，这就是一个有效问题。

我们用同样的方法来处理"影响"这一价值观念。下面是一些能够让别人在离开时会因为与你的互动而产生更好的感觉的行为：

- 体贴地谈及他们的样子。
- 体贴地谈及他们关心的某人。
- 给他们一些他们想要或者需要的东西。
- 说某些能够让他们微笑或者大笑的事情。
- 指出他们做过的某些给你留下深刻印象的事情。

要避免提出包含了价值观词汇本身的问题。要看看对于你的核心价值观，你提出了什么样的定义，然后列出满足那些定义的特定行为。你会发现，这有助于你提出更好的问题。

3. 要给回答留下灵活的空间。

回答激励行动问题的方式越灵活，它就越可能成为你个人领导力中持续不变的部分。举例来说，我们假定效率是你的一项核心价值观，那么"我今天做过什么从而保持了我办公室的整洁？"这一激励行动的问题肯定能够满足前两个标准，但是满足不了第三个标准。因为这个问题只能以有限的几种方式去解答，而且只能在上班时做或者回答。在一天其他时间段里，你是没办法回答的，时间久了你就会对回答这一问题失去兴趣。

试着把这个问题转换一下，变成"我今天做过什么使得我的生活变得更方便快捷？"。这样不管你是在家里还是在上班时，每天都能提出些新的东西：比如你可以在门边挂一个新的钥匙圈，这样就用不着到处找你的钥匙了；你可以买额外的手机充电线，这样的话，你的桌子边和你待在里面度过大多数时间的房子里就总是会有一根备用的充电线。至于那些想不到新点子的日子，你还可以把"我清理了我的办公室"作为你的答案。

回答你的问题一定要做事情，但是你的问题也要足够宽泛，使得你的回答能够每天都有所不同，而且还能契合于你的生活。任何计划如果只是在你有额外时间的时候或者是心情好的时候才能发挥作用，从长远的角度来说，它就不是一个有效的计划。

综上所述，一个有效的可以刺激你行动的问题应该符合以下标准：

1. 不能通过"是"或者"否"来回答——它必须能要求你指出你做过什么以及怎么做的。

2. 不应该在问题中包含实际的价值观词汇。

3. 要给回答留下灵活的空间。

下一章你就可以动手根据这些标准为自己找到一个高质量的问题。

16. 自己动手找一个好问题

在前面一章，我们指出了一个有效的激励行动的问题应该具有的三个关键特征：

1. 不能通过"是"或者"否"来回答——它必须能要求你指出你做过什么以及怎么做的。
2. 不应该在问题中包含实际的价值观词汇。
3. 要给回答留下灵活的空间。

差不多对每个人来说，找到高质量的激励行动的问题都是一项新的技能，所以这一章就给你机会，让你自己动手。

我们从"慷慨"这一价值观开始：致力于找出、发现或者是创造机会，使得你的奉献大于索取。

我们以此作为慷慨的定义，心里牢记一个好问题所具有的三个特征，试着从下面几个选项中选出能够有效激励出与慷慨有关的行为的几个：

- 我今天表现出慷慨了吗？
- 今天我怎么做到了付出的超过我"必须"给予的？
- 今天我付出了某些东西吗？
- 什么时候我付出了某些我本可以轻而易举为自己保留的东西？

我们稍微仔细地看看每一个选项，评估一下作为一个激励行动的问题，它们各自潜在的成效。

"我今天表现出慷慨了吗？"这个问题没有满足第一个和第二个标准：它可以用"是"或者"否"来回答，而且它在问题中包含了价值观词汇本身。

"今天我怎么做到了付出的超过我'必须'给予的？"这个问题满足所有的标准：它不能用"是"或者"否"来回答，在问题中没有包含价值词汇，而且它可以用很多种方式来回答。

"今天我付出了某些东西吗？"付出某些东西确实有可能是慷慨的指标，但是这个问题可以用简单的"是"或者"否"来回答，你在回答它时不需要明确指出你干了什么。不过这个问题稍微做点儿修改就可以极大地提高它的效果，改为"我今天做了什么从而付出了某些东西？"。

"什么时候我付出了某些我本可以轻而易举为自己保留的东西？"这

是另一个满足了所有标准的好问题。

四个选项中有两个经受了检验，可以有效地激励行动。"今天我怎么做到了付出的超过我'必须'给予的？"以及"什么时候我付出了某些我本可以轻而易举为自己保留的东西？"这两个问题都不能简单地回答"是"或者"否"，而且都有各种各样潜在的答案：你可以回答说你付出了金钱、时间、支持或者是各种方式的专业技能。

我们再用另外一种价值观念做个尝试。

感恩：致力于寻找或者创造机会庆祝积极的事情。

采用感恩的这个定义，同时再一次牢记一个好的问题所具有的三个特征，考虑下列选项中哪些能让感恩这一价值观运作起来：

- 今天我是怎样使某人知道他得到了赏识？
- 今天我做了什么以认可我生命中美好的东西？
- 今天我对某个人说过"谢谢你"吗？
- 今天我对哪三件事表示了感恩？

让我们再一次稍微仔细点地考察下这四个问题。

今天我是怎样使某人知道他得到了赏识？

今天我做了什么以认可我生命中美好的东西？

以上两个都是有效的问题，它们避免了另两个问题当中内在的缺陷。

第三个问题"今天我对某个人说过'谢谢你'吗？"，说"谢谢你"确实是一种认可积极的事务的重要方式，但是这个问题本身可以回答"是"或者"否"。其实它可以转换成一种更加有效的提问方式：我今天做了什么以感谢某人？或者是：今天我是怎样让某人知道我很欣赏他为我所做的事情的？

至于"今天我对哪三件事表示了感恩？"，花点儿时间想想我们为之心怀感恩的事情，这是一种美好的练习，我强烈建议你这么做，不过，这样一个列清单式的回答最好是用来回答其他类型的某个问题。而且你也应该避免在问题中提及价值观词汇本身。

如果你要让回答问题成为你日常生活中紧密的一部分，你就要变得非常善于提出你自己的问题。你要学习的是，哪类问题能够产生最多的选项，最适合于你的生活，能让你每天都感到振奋。保持耐心，你会变得非常精通于此的，而且短短几天就会为你带来积极的成效。

17. 将零起点领导力的流程付诸实践

　　有序而系统地将零起点领导力流程付诸实践，就要从前面的练习中所发现的某一条价值观念开始。我建议从你的分数表中得分最高的那条价值观开始，当然你也可以从任何一条重要的价值观开始。关键是要选择此时此刻能够最大程度激励你的价值观念。这一条价值观将作为你践行零起点领导力的基础，你将在接下来的一个月里致力于使之运作起来。要确保自己能够提出且回答一个激励行动的问题。

　　用前面几章教过的办法找到你自己的激励行动的问题，或者你也可以简单地从附录 2 为每条价值观念列出的问题中挑一个。

　　当你为你的价值观提出了或者选择了一个问题，你也许迫不及待地要在每一天里回答不止一个问题。但是在零起点领导力流程的初始阶段，只专注于回答一个问题即可。要培养起这样的意识，即你生命中的每个第一天都能通过问题测试，这才是值得度过的一天。

在你的手机或者日常软件里添加一个提示，在每天早晨、午餐时刻或者午夜，让激励行动的问题从手机里冒出来，提醒你必须回答它。在你的手机上增加一个备忘录，或者是你电脑里的一个文件夹，或者是携带一本笔记本，准确地记录下来每天你是怎么回答问题的。

30 天之后再把第二条价值观念和相关的问题添加进你每天的努力当中。每隔 30 天就增加一条你的核心价值观以及相关的激励行动的问题。要不了多久你就会发现这会给你带来巨大改变。如果在某些日子里你突然觉得自己不重要，你可以打开你的日志，它会提醒你说，有足够的证据表明并非如此。

此刻，你得采取行动，衷心地拥抱零起点领导力哲学，你要找出能够激励自己的核心价值观，想出一个问题从而保证自己每天都会努力践行它们。现在你需要做的就是，在一个月里练习和遵守，不停地提问和回答你的第一个问题。一个月之后你才可以添加第二个、第三个，等等。

有些日子里你可能失败了，这没有关系。在把每一天都视作第一天的领导力哲学当中，重要的是要认识到，在你的第一天里没有把事情做好，这没什么好害羞的。你距离自己想要成为的那种人还有差距，没关系，零起点领导力流程允许你失败。如果你做得不错，也不能骄傲。

坚持不懈是关键：**以超乎寻常的坚持去做普普通通的行为，这就会改变世界**。别吓着了，记住，其实并没有什么世界，有的只是 70 亿种对世界的不同认识。只要你改变了一个人对世界的认识——这种认识涉及的是有多少人关心他、他具有哪些能力，以及他能够给这个世界或者是自己的生活带来多大程度的改变等等——你就能改变整个世界。

在整本书中，我一直都在关注特定的行为和那些个人时刻所具有的能量，但是关注第一天并不意味着本书所教的方法不能带来累积性的收益。你是在重新致力于践行零起点领导力的哲学，但不是从零开始。每个新的第一天都是立足于此前的那个第一天的。

有时候这种累积性的影响难以察觉，我们没能看清楚我们的努力会如何真真切切地改善我们和其他人的生活。如果你曾经困惑于你的领导力是否真的能够带来某种变化，我强烈建议你想想下面这个故事的寓意。

有个男人告诉我，自从在网上看了我的"棒棒糖时刻"的演讲视频，他就想告诉我一个故事。他的故事深深地打动了我，以至于我请他又说了一遍。下面是他的故事：

我是在农场长大的，后来去了一个很小的小镇上的一所很小的艺术院校。我第一次住在城市里还是我在芝加哥谋得第一份工作的时候。上班的第一天，开车在路上，我在等红灯，生平第一次看到了流浪汉。他手里拿着一个咖啡杯，在车辆中穿行，请求帮助。问题在于，我完全不知道在那种情况下应该做什么，我没有钱，也不清楚他是不是发疯了或者别的什么，我感到有点儿慌乱。我开始在车里到处翻，想找到点儿钱——车的控制面板、副驾驶的座位、后排座位等都翻了一遍。等我抬起头，看见那个流浪汉正透过我的车窗玻璃看着我呢，脸上带着一种非常愉快的神情。

"你好，新来的伙计！"他喊着，"别为那个发愁！如果你没带钱，你就笑笑，摆摆头，告诉我说：'今天不行啊，我的朋友。'那就很好了。"

他朝窗户靠近了点，对我说道："不过既然我看出来你是新来的，那就让我给你一点儿小小的建议吧：别让这个城市打败你。既然它没有打败我——它想都别想——你也别让它打败你！成交吗？"

"是，先生。"我结结巴巴地说道。那个人哈哈大笑着，转身离开了。

第二天他出现在了同一个路口。他看到我就喊了起来："新来的家伙！这个城市打败你了吗？"

我就像这样回答的："哦……没有吧？你呢？"

他冲着我大笑，说道："我告诉过你：想都别想！"然后我给了他一美元，他祝我一天顺利，然后就沿着这条路一直走下去了。

这变成了我们两个人每天的仪式了。我知道了他的名字叫拉里，我也会把早上买咖啡找下来的零钱都省下来给他。每天他看到我就会喊："新来的家伙！这个城市已经打败你了吗？"我就会说："没有，拉里。你呢？"他总是回答："我告诉过你：想都别想！"然后拿上钱，向我祝好，离开。

就这样差不多持续了一年。然后有一天我停下车，递出去一美元。他摇了摇头，没有接过去。

"你看，我的朋友，"他说道，"每天有数百人开车从我身边经过，他们甚至不屑于和我有眼神的交流。从我看到你的那天开始，你每天都给我钱。你知道我在想什么？我觉得你已经分享了你的所有。今天你就留着吧，我们明天再开始。"

我也不知道什么原因，但是我把手伸进皮包里，一把抓出了我所有的钱——大概 60 美元吧——塞到了他手里。

"那今天我就代替那些没有理睬你的人分享吧？"我问道。

我的举动肯定有些古怪，所以他没有马上接过钱。在等红灯的大部分时间里他都打量着我，然后在跳绿灯的那一刻，他接过了钱，点点头，走开了。没有说"祝你一天顺利"，什么话都没说。

不过我们又继续着每天的"这个城市已经打败你了吗"对话，就这样在那次给他 60 美元之后又过去了差不多两年。那天我开车经过那个路口，这次我的副驾驶的座位上坐着一位女士。这是我们的第三次约会，但是我真的很爱她，我满心想的就是别把事情搞糟了。

于是，我们停下来等红灯。拉里看到了我，开始走过来。我有点儿紧张，不知道我的女伴会怎么看我这位无家可归的朋友。拉里走到她那边的车窗前，俯下身，冲着她微笑。

"你好，"他说道，"我叫拉里。坐在你身边的那个家伙不是世界上唯一一个知道我叫拉里的人，但是我要告诉你的是他是在过去四年里唯一一个问我叫什么的人。你要知道的是，三年前我第一次在这个路口看到他的时候，他吓坏了，但是到现在他已经给了我 1521.68 美元。有一天他给了我 60 美元。他让我觉得这是一位朋友，而不是某种慈善举动而已。你需要知道的是，和你约会的这个男人是一个非常特别的人……别错过他。"说完，他就走开了。

当天晚上我向她求婚了，我妻子告诉我在她知道了拉里说的曾经发生的那一切的时候，她就决定要说同意了。

那 1521.68 美元并不是通过一个有意识的过程给出去的，讲故事的这个人也没想过要实践某些个人领导力哲学。这是一个简单的、无意识地发挥领导力和影响的例子，其实你每天都在展示着这一点。零起点领导力的流程要做的就是更加有意识地、精心创造出这样的时刻，即使你自己没有感觉到创造它们的动力或者看到它们所产生的影响。

本书关于问题已经讲了很多很多，但是如果现在我要你参加第一天的训练课程，学习如何在每天产生更多的领导力的时刻，我会问你两个问题：

1. 你付出的美元是什么？

2. 谁是你的拉里？

你的美元可以是一个微笑、一个慷慨的举动或者甚至就是问问那个在你上班的路上向你乞讨的人的名字。而你的拉里也许是一个朋友、导师、学生或者你路过偶遇的某个陌生人。你终究会发现，致力于给予，就会得到很多回报——这就是领导力的循环，这是一件了不起的成就。

自从那次火车旅行之后，我就一直和吉米、厄尔保持着联系。他们不大上网，但是时不时我会收到他们当中某一个人发来的问候。差不多在我们认识两年之后，我收到了厄尔的邮件，吉米在几周前去世了。厄尔觉得我大概会乐意读读吉米给自己写的悼词。他悼词的最后几句话提醒我们，当我们致力于改变人们对世界的认识的时候，问问自己我们究竟想要为什么而奋斗，这是何等的重要：

在朱诺海滩，他发现了他将为之奋斗至死的东西，此后，在他生命的每一天他都没有辜负它。

到现在为止，我希望你已经知道了你在每天的生活中想要为之奋斗的东西是什么，那么，今天就开始你的第一天吧。

18. 那会是什么样的日子?

我写这本书是为了告诉大家我自己深信不疑的一种培养领导力的流程——它最初是用来帮助大学生们在日常生活的基础上投身于有影响力的领导行为。说老实话,我从未想过在更广泛的范围内运用它。但现在,你也可以学到它了。

在本书的结尾之处,我想兑现一个承诺。

差不多 15 年前的一个晚上,我和一个朋友靠着酒吧的台子喝酒。他的目光扫视着屋子,每当他看到正在跳舞的女朋友,他脸上就浮现出一种极其开心的神情。我还从来没有看到过一个人以那种神情看着别人。

"你真的很爱那个女孩,对吗?"我问他。

他的身子向我倾斜过来,但眼睛却没有离开过她。"那不是一个女孩,"他平静地说道,"那是一头独角兽。"

我惊讶地抬起了眉毛。在把目光转回到舞池前,他看着我。

"有些进入你生活的人是如此具有魔力、如此强大、如此稀有，让你自己都不再是同一个人了。"他向我解释道，"既然某人能够以那种方式改变你，对你拥有那种影响力，那她就是独角兽。"

他居高临下地看着我："并不是每个人都能得到独角兽的。如果你得到了，那是上天赐予的礼物。"

当时我不知道自己得没得到那种礼物，然后我就遇到了阿纳斯塔西娅。

阿纳斯塔西娅告诉过我，爱情不是热情，而是一种痴迷：一种深深的、不可遏制的、有时候令人恼火的对另一个人的痴迷。我为她的心灵和美丽所痴迷，痴迷于她挑战我的方式，痴迷于她每天努力给予我的东西，而我甚至都不知道我想要或者需要它们。

2017年元旦那天，她要我保证写完这本书。

那年的1月17日，她自杀了。

对我来说，那也是第一天。某个人永远留在我身后的第一天。

要对待每一天都像是第一天。这样做有助于你原谅自己犯过的错误，当你劲头十足时避免瞻前顾后，确保你在每一天里做的都是那些对于长久的成功来说必不可少的事情。

多年来我在学校讲习关于领导力的课程，但在阿纳斯塔西娅去世后，我突然发现自己并不能从悲伤中走出来。我无法再践行跟领导力有关的事情，我开始怀疑我是否能够继续讲授这门课。就像她去世后的其他每件事情一样，我完全不知道我的未来会如何。

但在遵循零起点领导力哲学后的几个月里，我明白了一个非常重要的真理：**零起点领导力是一张能带你安全度过不确定情况的路线图**。在我们的生命中，有很多时候我们对于自己的未来感到不确定：对我们的职业不确定、对我们的爱情不确定、对我们的健康不确定。在不确定未来会怎样的时候，我们常常对当下是否该采取行动而感到犹豫不决——担心我们可能无法清楚地了解自己将去往何处，所以前进可能是一个危险的错误。于是，我们涉水而过——以一种稳定的模式度过了我们生命中很大一部分的时间，白白地浪费时间在等待上，以为等待能让未来变得清晰起来。

我对于未来的很多希望在一月份的那个早上破灭了，但是我仍然坚持做着我在本书中教你们做的那些事情。我坚持回答自己的问题，因为这样做有助于我创造未来。虽然我的未来并不明确，但是它总归会到来，而在它到来时，我都不会停止努力成为我想要自己成为的那个人。尽管我感到不确定，但是零起点领导力哲学的方法已经把行为植入了我的生活，给予了我方向。它们有助于我度过非常困难的时期，即使我还不知道怎么做，以及什么时候会好起来，但是我相信一切终究会好起来的。

零起点领导力哲学有助于你在日常生活中找到动力，即使你还不知道那种动力会把你带向何方。它给你生活的每一天制作了一份行动清单——这份行动清单将带来积极的时刻，那是发挥影响力的时刻，充满勇气、赋能、成长和自尊的时刻，它们将把你带向更好的地方，即使你自己都不清楚那些地方会是在哪里。它是一种工具，可以带你穿过不确定性。引导你自己，不虚度每一天。

　　我之所以动手写作这本书，是因为我对于零起点领导力哲学深信不疑。我写完了它是因为我发誓要写完它。我希望你也发誓能做到它。祝你好运不断。

附录 1

价值观清单和定义

负责 致力于履行诺言，承担起你的行为所产生的后果。

适应 致力于在必要时进行改变。

冒险 致力于寻求新的和 / 或令人激动的体验。

真实 致力于根据你自己的信念和价值观而不是别人的期待做出决定。

自主 致力于寻求独立。

平衡 致力于在你的思想、行动和生存之间寻求均衡。

升级 致力于更好地待人接物，超过他们理应得到的，即使你有权不这么做。

合作 致力于与他人合作追求目标。

勇气 致力于即使有可能遭遇损失，仍然坚持采取行动。

创造 致力于以一种不同于你自己的规范的方式产生想法、采取行动。

好奇 致力于提出问题，寻找答案。

果断 致力于采取明确的行动。

规矩 致力于排除干扰。

内驱 致力于产生或者保持动力。

同情 致力于试图理解和分享他人的经验和情感。

赋能 致力于成为他人成功的催化剂。

公正 致力于平等的机会。

信念 致力于对某些东西抱有绝对的信任。

家庭 致力于把你认为属于家庭的那些关系放在第一位。

宽恕 致力于淡忘那些针对曾经伤害过你的人（也包括你自己）所抱
有的负面的想法和情绪。

风趣 致力于创造、发现和拥抱那些愉快的时光。

慷慨 致力于发现、寻找或者是创造机会,使得你给予的大于你索求的。

感恩 致力于正面看待你生命中那些美好的、糟糕的或者丑恶的体验,
因为它们使你成了现在的你。

成长 致力于提升能力,以增添价值。

快乐 致力于产生积极的情感。

治愈 致力于投入那些有助于身体的、心理的、情绪的、灵魂的和智
识的健康与改善的行动。

谦恭 致力于承认使你变得令人生畏的事情其实并没有使你好过其
他人。

影响 致力于创造出这样的时刻，即别人因为与你的互动而变得更
好了。

创新 致力于挑战和改进现状。

正直 致力于采用连贯的一组标准来制定决策。

善良 致力于对待别人好过他们应当得到的对待。

爱情 致力于创造出无条件的感情联系。

忠诚 致力于维护你的关系，履行你的承诺。

精通 致力于寻求持续的改善。

专注 致力于有意识地、清醒地投身于任何给定的时刻。

开放 致力于发现新观念和新视野的合理性。

热情 致力于充满感情地投入。

坚毅 致力于克服阻碍，忍受艰辛。

积极 致力于采纳一种乐观的心态和视野。

理性 致力于根据逻辑和理性做出决策。

关系 致力于建立、维护和增强人际的联系。

弹性 致力于克服挫折，发掘并维持动力。

尊重 致力于将人和事视为具有内在价值。

自觉 致力于持续地反思自己的思想、感受和体验，为的是塑造更好的自我理解。

自尊 致力于认可下面四个基本真理：

1. 你拥有和其他人同等的获得快乐的权利。

2. 除非你自己的生命已经具有了充分的价值，否则你是无法为他人的生活增添价值的。

3. 让自己快乐是你的责任。

4. 没有原谅就不会有快乐。

服务 致力于为某个集体做出贡献。

传统 致力于尊重过去的积极的部分。

远见 致力于创造并分享关于你自己、他人、组织和共同体的理想化的版本。

脆弱 致力于对那些可能伤害你的东西保持开放。

附录 2
激励行动的问题

负责

致力于履行诺言，承担起你的行为所产生的后果。

我今天怎样兑现了一个承诺？

我今天怎样承认了一个错误？

我今天做了什么以塑造信任？

适应

致力于在必要时进行改变。

我今天怎样调整了日程？

我今天怎样接纳了不可预期的事情？

我今天怎样根据一个意外的事情而进行了调整？

冒险

致力于寻求新的和 / 或令人激动的体验。

我今天做了什么有可能成为故事的事情？

我今天是怎样给我的生活增添了乐趣？

我今天是怎样给我的生活带来了新的东西？

真实

致力于根据你自己的信念和价值观而不是别人的期待做出决定。

我今天做了什么会让我在五年内感到自豪的事情？

我今天做了什么无可否认是"我"所做的事情？

我今天怎样证明了某些东西对我来说非常重要？

自主

致力于寻求独立。

我今天如何成了我自己的上司？

我今天做了什么来塑造自立？

我今天给自己创造了什么机会？

平衡

致力于在你的思想、行动和生存之间寻求均衡。

我今天优先考虑了什么事情是昨天我没有优先考虑的？

今天我是怎样为那些对我来说重要的事情挤出了时间？

我今天如何为我的生活增添了多样化？

升级

致力于更好地待人接物，超过他们理应得到的，即使你有权不这么做。

今天我是怎样让事情改善而不是恶化了？

今天我怎样对待别人好过于他们应得的？

今天我做了什么使得一个困难的局面得以改善？

合作

致力于与他人合作追求目标。

我今天是如何与他人共事的？

我今天做了什么从而成了一个好的队友？

我今天为一个集体的目标做了什么贡献？

勇气

致力于即使有可能遭遇损失，仍然坚持采取行动。

今天我做过什么事情，它可能不会成功，但无论如何我都会试一试？

我今天做了什么让我害怕的事情？

我今天做了什么我想要避免的事情？

创造

致力于以一种不同于你自己的规范的方式产生想法、采取行动。

我今天如何为我的生活创造了新的东西？

我今天探索了哪些可能性？

今天我在所思所行中有哪些和我通常的做法不同？

好奇

致力于提出问题，寻找答案。

今天什么时候我问过"为什么"？

今天我试图发现什么？

今天我做了什么以试图发现新的知识？

果断

致力于采取明确的行动。

我今天承诺了什么样的选择？

今天我是如何做出决策并继续前进的？

我今天做了什么以坚持最近的一个决定？

规矩

致力于排除干扰。

我今天拒绝了寻找什么借口？

我今天如何兑现了对自己的一个承诺？

我今天做了什么昨天也做过的事情？

内驱

致力于产生或者保持动力。

今天我给自己带来了什么新的选择？

我今天做了什么以产生动力？

今天我设立了什么新的目标？

同情

致力于试图理解和分享他人的经验和情感。

我今天如何努力做到更好地理解别人？

我今天做了什么使别人更少地感到孤独？

我今天是怎样使别人明白，即使我并不完全理解但是我很在乎他？

赋能

致力于成为他人成功的催化剂。

我今天做了什么以推动别人实现他的目标？

我今天做了什么是我希望在我生命里也有人会为我做的？

我今天成了怎样的一个老师？

我今天如何使别人变得更加强大了？

公正

致力于平等的机会。

我今天做了什么使世界变得更加平等？

我今天努力克服了哪些通向平等的障碍？

我今天做了什么以和不平等进行斗争？

信念

致力于对某些东西抱有绝对的信任。

我今天如何敬重了上帝？

我今天如何承认了某些事情超出了我的控制能力？

我今天如何展现出了承受？

家庭

致力于把你认为属于家庭的那些关系放在第一位。

我今天做了什么事以向我的家庭表明他们对我非常重要？

今天我是怎样把家庭放在首位的？

我今天是怎样以行动而不是言辞表达了"我爱你"？

宽恕

致力于淡忘那些针对曾经伤害过你的人（也包括你自己）所抱有的负面的想法和情绪。

我今天如何表现出了怜悯？

我今天是如何对一些负面的东西释怀了？

我今天是如何试图和解的？

风趣

致力于创造、发现和拥抱那些愉快的时光。

我今天玩了什么？

我今天怎样表现得像个孩子？

今天我怎样欢度了某个时光？

慷慨

致力于发现、寻找或者是创造机会，使得你给予的大于你索求的。

今天的什么时候我主动给予的多过我"不得不"付出的？

今天我付出了什么是我本可以轻而易举留给自己的？

今天有谁从我这里得到了些东西，而其实我并没有被要求付出？

感恩

致力于正面看待你生命中那些美好的、糟糕的或者丑恶的体验，因为它们使你成了现在的你。

今天我做了什么来表达"谢谢你"？

今天我是怎么庆祝我生命中的某些东西的？

今天我是怎么使别人知道我很欣赏他的？

成长

致力于提升能力，以增添价值。

今天我做了什么使得别人有可能学到些东西？

今天我做了什么使得我明天会有效率？

今天我做了什么以有所改善？

快乐

致力于产生积极的情感。

今天我做了什么使我今天感觉良好？

今天我做了什么以创造一个积极的时刻？

今天我做了什么我喜欢的事情？

治愈

致力于投入那些有助于身体的、心理的、情绪的、灵魂的和智识的健康与改善的行动。

今天我做了什么使我变得更强壮？

今天我做了什么有可能为我的生命增添哪怕是短暂的一秒？

今天我是怎么给我最好的部分提供养分的？

谦恭

致力于承认使你变得令人生畏的事情其实并没有使你好过其他人。

今天我是怎么折射来自别人的光芒的？

今天我是怎么承认我的成功有别人的功劳的？

今天我是怎样利用我的资源使别人看起来良好的？

影响

致力于创造出这样的时刻，即别人因为与你的互动而变得更好了。

今天我做了什么认可了某个人的领导力？

今天我有意识地从事了什么充满善意的行为？

今天我做了什么以向别人表明他很重要？

创新

致力于挑战和改进现状。

今天我是怎么挑战了"事情通常被处理的方式"？

今天我怎么试图改进一种流程？

今天我做了什么从而有可能对一种积极的改变做出了贡献？

正直

致力于采用连贯的一组标准来制定决策。

今天我是怎么参照我的价值观的？

今天我做了什么从而展示出了我的某个核心价值观？

今天我以何种方式承认了我本可以变得更好？

善良

致力于对待别人好过他们应当得到的对待。

（此条目下原文无激励行动的问题，请读者留意。）

爱情

致力于创造出无条件的感情联系。

今天我是怎样敞开心怀的？

今天我是怎样无条件付出的？

今天我做了什么使得与某人的联系更密切？

忠诚

致力于维护你的关系，履行你的承诺。

今天我怎样向某人表现出我会支持他？

今天我怎样表现了对某人的信任？

今天我怎样不辜负别人对我的一种期待？

精通

致力于寻求持续的改善。

今天我如何练习了某些事情？

今天我怎样增强了我的技能？

今天我做了什么从而能够从更厉害的人那里学到东西？

专注

致力于有意识地、清醒地投身于任何给定的时刻。

今天我做了什么从而能够全身心地投入于某个时刻？

今天我做了什么从而给了当前时刻它理应得到的关注？

今天我做了什么从而完全关注于别人的需求？

开放

致力于发现新观念和新视野的合理性。

今天我是怎样挑战了我的某一条信念？

今天我做了什么从而寻求一种新的视野？

今天我做了什么从而鼓励了他人分享他们的信念？

热情

致力于充满感情地投入。

今天我做了什么使得我感觉更有活力？

今天我是怎样充满热情地说"是"的？

今天我做了什么从而能够产生出我最喜欢的感受？

坚毅

致力于克服阻碍，忍受艰辛。

我今天克服了什么？

今天的什么时候我拒绝了退缩？

今天我是怎样从一次失败中继续前进的？

积极

致力于采纳一种乐观的心态和视野。

今天什么时候我拒绝了负面的情绪？

今天什么时候我提出过这样的问题："什么是有可能改正的？"

今天我是怎样创造出了"最棒的场景"的？

理性

致力于根据逻辑和理性做出决策。

今天我是怎么扮演了魔鬼拥护者的角色的？

今天我是怎样寻找外部建议的？

今天我是怎样做了实际上是正确的，而不是看起来是正确的事情？

关系

致力于建立、维护和增强人际的联系。

今天我做了什么来创造或者增强一个共同体？

今天我怎样向某人表明了他对我很重要？

今天我做了什么以巩固一种人际关系？

今天我怎样更新了与某人的关系？

弹性

致力于克服挫折，发掘并维持动力。

今天我做了什么事情以兑现我说的一切会好起来的承诺？

今天我做了什么以继续前进？

今天我做了什么从而能够面对失败仍然鼓励自己？

尊重

致力于将人和事视为具有内在价值。

今天我做什么从而更好地理解了某人？

今天我做了什么从而向某人表明我认为他们很有价值？

今天我是怎样打破客套的？

自觉

致力于持续地反思自己的思想、感受和体验，为的是塑造更好的自我理解。

今天我怎样挑战了我自己深信不疑的东西？

今天我做了什么从而学到了关于我自己的新东西？

今天我是怎样寻求反馈的？

自尊

致力于认可下面四个基本真理：

1. 你拥有和其他人同等的获得快乐的权利。

2. 除非你自己的生命已经具有了充分的价值，否则你是无法为他人的生活增添价值的。

3. 让自己快乐是你的责任。

4. 没有原谅就不会有快乐。

今天我做了什么善待自己的事情？

今天我如何成了我自己最好的朋友？

今天我做了什么是把我的偏好摆在第一位的？

服务

致力于为某个集体做出贡献。

今天我是怎样巩固了一个共同体？

今天我是怎样为某个更为崇高的事情奉献了自己？

传统

致力于尊重过去的积极的部分。

今天我做了什么以尊重那些先我而到的人？

今天我是怎样承认了过去时光中一个有价值的部分？

今天我利用了过去的哪个部分以创造一个更美好的未来？

远见

致力于创造并分享关于你自己、他人、组织和共同体的理想化的版本。

今天我做了什么以提醒某人事情本来应该怎样？

今天我如何激励别人为了更美好的东西而奋斗？

今天什么时候我问过"要是……又怎样"的问题？

脆弱

致力于对那些可能伤害你的东西保持开放。

今天我选择了什么而不是躲避？

今天我是怎样公开了某些让我害怕的东西？

今天什么时候我坦白了自己的一个人格上的缺点？

238

附录 3
价值观计分表

从下列价值观中选择，如果它是你的床边建议背后的价值观念，就给它加上 1 分。如果它也是你在某个骄傲或者失望时刻背后的价值观念，再额外加上 2 分。

	得分		得分		得分		得分		得分
负责		适应		冒险		真实		自主	
平衡		升级		合作		勇气		创造	
好奇		果断		规矩		内驱		同情	
赋能		公正		信念		家庭		宽恕	
风趣		慷慨		感恩		成长		快乐	
治愈		谦恭		影响		创新		正直	
善良		爱情		忠诚		精通		专注	
开放		热情		坚毅		积极		理性	
关系		弹性		尊重		自觉		自尊	
服务		传统		远见		脆弱			

致 谢

我朋友乔西告诉我，他发现在致谢部分中作者列举寥寥几个人会显得更时髦。但对不起了，我的朋友，这是我的第一本书，我有很多人需要感谢。是他们使这本书成了现实。

首先要感谢我的妈妈、爸爸和萨拉。你们支持我选择了这样一份职业，使得陌生人听到我声音的次数比你们听到的还要多。

从我坐在吉姆·莱文身边的那一刻开始，我就知道他正是那个会指引我前进的人。虽然整个过程会让我感觉颇为畏惧，但真诚地感谢他，还有在莱文·格林伯格·罗斯坦公司工作的每一位。

我经常说，在领导行为中最重要的四个字就是"我不知道"。谢谢莫罗·迪普雷塔、乔安娜·平斯克、米歇尔·巴斯、奥德特·弗莱明、大卫·兰博、谢丽尔·史密斯以及阿歇特图书出版集团的整个团队，感谢他们乐意一直听我说这四个字。

我要感谢大卫·莱文和莱文机构中的每个人，他们使我梦想的职业成

240

为现实。

当人们给了一位演讲者机会，使他有机会与观众分享他的想法，他们就把自己的声望交到了某位通常他们从未遇到过的人手里。过去的岁月里，我的客户和主办方给予我的信任，让我深感荣幸。

所有在本书中提到的领导者，谢谢你们分享的故事、建议、成功和失败。我希望自己没有辜负你们所分享的内容。

当我回顾自己实践第一天哲学的最初阶段时，我必须承认苏西·威尔斯、克雷格·哈里斯和巴里·德里斯科都是我的老师，他们帮助我把注意力从书本纸堆中摆脱出来，激励我树立更为远大的目标。

我最初在领导力方面所取得的成功尤其得益于乔纳森·克拉克和伊安·阿伦为我花费的时间、提供的支持和各种资源。谢谢你们，我的老朋友。

我亲眼看见了志愿者们和教工们在 20 年的时间里把他们的时间和热情投入于 Sbinerama：Student Fighting Cystic Fibrosis（与囊性纤维化疾病做斗争）基金组织。那场活动带来的欢笑和友谊超过了我生命中任何其他的部分。如果不特别感谢一下我对特蕾莎·亚当斯的爱，我在那里的体验就不完整。

如果没有汤姆·诺沃斯、马克·所罗门和艾米·高克尔，我的第一天哲学中许多最重要的专业化的见解就绝不可能提出来。谢谢你们。

我要感谢第一批接受了"床边建议任务"的人，他们是丽萨·泽诺、杰夫·凡·基尔、诺加·科恩伯格、阿纳斯塔西娅·斯莫伍德、克里斯·瑞德、萨拉·库西诺、阿玛德·汗、斯蒂芬·费内兹、劳拉·伦斯博